# Introduction au droit minier applicable au Cameroun

Une vue synoptique des aspects juridiques de l'exploitation minière

Logiques Juridiques

*Fondée par Gérard Marcou*

*Dirigée par Jean-Claude Némery et Thomas Perroud*

Le droit n'est pas seulement un savoir, il est d'abord un ensemble de rapports et pratiques que l'on rencontre dans presque toutes les formes de sociétés. C'est pourquoi il a toujours donné lieu à la fois à une littérature de juristes professionnels, produisant le savoir juridique, et à une littérature sur le droit, produite par des philosophes, des sociologues ou des économistes notamment.

Parce que le domaine du droit s'étend sans cesse et rend de plus en plus souvent nécessaire le recours au savoir juridique spécialisé, même dans des matières où il n'avait jadis qu'une importance secondaire, les ouvrages juridiques à caractère professionnel ou pédagogique dominent l'édition, et ils tendent à réduire la recherche en droit à sa seule dimension positive. À l'inverse de cette tendance, la collection « Logiques juridiques » des éditions L'Harmattan est ouverte à toutes les approches du droit. Tout en publiant aussi des ouvrages à vocation professionnelle ou pédagogique, elle se fixe avant tout pour but de contribuer à la publication et à la diffusion des recherches en droit, ainsi qu'au dialogue scientifique sur le droit. Comme son nom l'indique, elle se veut plurielle.

Dernières parutions

Yao AGBETSE, *La supervision de la mise en œuvre des droits de l'homme à l'épreuve de la volonté politique des États africains. La Commission africaine des droits de l'homme et des peuples dans tous ses états*, 2023.

Golnaz KARIMZADEH MEIBODI, *La subrogation réelle en droit patrimonial de la famille*, 2023.

Rawaa SALHI, *La constitution tunisienne de 2014 et le droit international. Tout ce qu'il faut comprendre !*, 2023.

Philippe DE LADOUCETTE, *Régulation indépendante du marché de l'énergie*, 2023.

Ruben Akono Minlo

# Introduction au droit minier applicable au Cameroun

## Une vue synoptique des aspects juridiques de l'exploitation minière

Préface de Yannick Serge Nkoulou

L'Harmattan

**5-7, rue de l'Ecole-Polytechnique, 75005 Paris**
http://www.editions-harmattan.fr
ISBN : 978-2-336-41218-4
EAN : 9782336412184

*Je dédie cet ouvrage à mes enfants*

# SOMMAIRE

# PRÉFACE

L'ouvrage que livre au public le Docteur AKONO MINLO Ruben est le résultat de l'intérêt qu'il porte depuis quelques années déjà au droit minier et des recherches qu'il a entreprises dans ce champ jusqu'alors insuffisamment exploré par la doctrine dans notre contexte juridique. C'est partant de ce constat qu'il lui a paru pertinent de proposer cette *Introduction au droit minier applicable au Cameroun*. L'objectif affiché à travers cet intitulé sobre se traduit par le tour volontairement pédagogique de l'ouvrage aussi bien du point de vue de sa forme que du fond.

Sur le plan de la forme, l'ouvrage est voulu concis et accessible. C'est ainsi que sont servies des définitions claires et des distinctions fort utiles dans un domaine ayant son « jargon » qui emprunte certes au droit des biens, mais qui peut dérouter les puristes de cette discipline.

Sur le fond, l'intelligibilité du droit minier applicable au Cameroun est rendue possible par une présentation séquentielle des règles générales applicables à toutes les activités minières, d'une part, et des règles spécifiques à chaque type d'activité minière, d'autre part.

Nul doute que les lecteurs, praticiens et universitaires, après cette « mise en bouche » exprimeront l'attente suscitée par l'auteur de productions plus spécifiques et plus riches et denses du point de vue de l'appareil scientifique mobilisé.

Nkoulou Yannick Serge

# PRINCIPALES ABRÉVIATIONS

**Art** : Article
**P** : Page
**LGDJ :** Librairie Générale de droit et de Jurisprudence
**Idem** : Au même endroit
**Op.cit.** : Ouvrage précité
**S.** : Suivant
**C.E.** : Conseil d'État
**Cass.civ.** : Chambre Civile de la Cour de Cassation
**P.U.F** : Presse Universitaire de France
**LITEC** : Librairie Technique
**OCDE** : Organisation de Coopération et de Développement Economique
**FMI** : Fonds Monétaire International
**BAD** : Banque Africaine De Développement
**BM** : Banque Mondiale
**O.C.R.S** : Organisation Commune des Régions Sahariennes
**EIS** : Évaluation d'Impact sur la santé

# INTRODUCTION GÉNÉRALE

**1-** ***Le Droit minier*** est considéré comme l'ensemble des règles juridiques qui régissent l'activité minière. Par activité minière, on entend l'ensemble des opérations, en vue de la reconnaissance, la recherche, et de l'exploitation, du traitement, de la transformation, et de la commercialisation des substances minérales à la surface du sol ou dans le tréfonds. Dans le Code minier[1] camerounais, il s'agit des opérations d'exploitation, de développement, d'exploitation, de traitement, d'enrichissement, de transport de stockage de chargement avant l'exportation et la réhabilitation des sites d'exploitation des substances minérales ou fossiles, solides, liquides ou gazeuses.

**2-** Au Cameroun notamment, l'exercice de cette activité est conditionné par l'obtention d'un titre minier ou d'une autorisation. Ces derniers constituent des actes administratifs à portée individuelle qui confèrent à leurs titulaires, un ensemble de droits subjectifs à caractère patrimonial connues sous l'appellation de droits miniers. Les droits miniers s'entendent du droit de rechercher[2] ou d'exploiter[3] des substances minérales à la surface du sol ou dans le tréfonds. Il s'agit là de deux étapes juridiquement distinctes, et les droits qui en permettent

[1] Article 2 du Code minier.

[2] Les droits de recherches s'entendent du droit d'occupation sur la superficie sollicitée, sous réserve des droits des tiers. Ils emportent également le droit d'extraire, d'enlever et de disposer des rochers de la terre, du sol ou des substances minérales dans le respect du quantum exigé dans le programme des travaux, et le droit d'utiliser librement les produits extraits à l'occasion de la recherche et des essais.

[3] Les droits d'exploitation s'entendent du droit d'extraire des substances minérales liquides, solides ou gazeuses, afin d'en extraire des substances utiles, dans des zones attribuées.

l'exercice diffèrent autant par leur contenu que par leur régime. Mais qu'est-ce qu'une mine ?

**3-** ***La mine*** est l'objet de l'exploitation. En pratique, elle peut désigner les gites[1] de toutes substances minérales non classées dans les carrières y compris les gites géothermiques, les eaux minérales et thermo minérales. Il s'agit en d'autres termes, de tout gisement de substances minérales ou fossiles que, en raison de leur valeur, la loi les a déclaré distinct du sol quant à leur régime de propriété[2]. Par gisement on entend, tout gite naturel de substances minérales exploitables dans les conditions économiques du moment[3]. On distingue généralement deux types de gisements : les gisements miniers naturels et les gisements miniers artificiels. Les premiers désignent toute concentration anormale et naturelle des substances minérales à la surface ou à la profondeur de l'écorce terrestre, exploitables de manière rentable dans les conditions économiques du moment. Le gisement artificiel, lui, s'entend de toute concentration artificielle des substances minérales à la surface provenant de l'exploitation des mines et/ou des rejets découlant du traitement minéralurgique et métallurgique, exploitable de manière rentable dans les conditions économiques du moment.

**4-** Juridiquement, la mine est « *un domaine crée dans un gisement minier* ». En effet, avant l'octroi du titre d'exploitation, il n'existe qu'une masse de substances minérales. La mine est juridiquement créée à partir du moment où l'acte de puissance publique délimite un

---

[1] Selon le Code minier, le gite est toute concentration de substance minérale s dans une zone déterminée de l'écorce terrestre.

[2] Lexique des termes juridiques, 13ième édition, Dalloz 2001, p. 362.

certain volume à l'intérieur de l'écorce terrestre[1]. Mais ce volume en soi ne la constitue pas, parce ce que le droit de l'exploitant ne s'étend pas à la portion de l'écorce terrestre délimitée par son titre. Il ne porte à l'intérieur de celle-ci que sur les substances qui font l'objet de son titre d'exploitation[2]. Ainsi, sur cette portion vont s'exercer concurremment le droit minier avec ses accessoires et le droit du propriétaire du sol. L'exploitant n'aurait pas le droit d'utiliser les vides qu'il dégage à des fins futures, et il ne pourrait y poursuivre des travaux qui n'auraient pas de rapport avec son exploitation[3]. Cependant, le droit de l'exploitant n'est pas limité aux seuls gites naturels reconnus avant la délivrance du titre d'exploitation, et en vue duquel il a été institué. Ce droit s'étend également à tous les gites de même nature compris dans son périmètre quelle que soit la forme sous laquelle ils se présentent[4]. La mine comprend donc en réalité, toutes les poches naturelles de minerais situées à l'intérieur d'une portion de l'écorce terrestre, qu'elles soient attenantes ou séparées[5].

**5-** Cette analyse est cependant parcellaire, parce qu'elle ne permet pas, compte tenu de la réalité complexe de l'exploitation minière, d'appréhender la notion de mine dans tous ses contours. C'est la raison pour laquelle elle a fait l'objet d'un élargissement pour y inclure, les

---

[1] Ce volume est de 30 m pour l'exploitation artisanale, article 42 du décret n° 2002/648/PM du 26 mars 2002.

[2] Cela se justifie par le fait qu'il n'existe pas de titre minier qui permette à son titulaire de se livrer à la recherche ou à l'exploitation de toutes les substances pouvant être comprises dans un périmètre déterminé.

[3] Russo (J.), Le statut administratif des entreprises de recherches et d'exploitation minières, Paris, LGDJ 1959, p. 239.

[4] Russo, idem.

[5] Russo, Idem.

« dépendances », c'est-à-dire, les différentes installations et industries liées à l'exploitation minière. On distingue traditionnellement le « fonds », le « jour et dépendances légales », et « les industries annexes ». Le « fond » comprend les installations situées au-dessus du sol. Il n'en est pas de même pour les autres éléments de la mine. Selon un auteur[1], il faut distinguer, tout en leur reconnaissant le même régime, le « jour des fosses » des « dépendances légales », que l'on englobait par le passé toutes deux sous cette dernière rubrique. Quant au « jour de fosse », il comprend les installations situées au-dessous et à proximité des puits, en rapport immédiat avec l'exploitation : chevalements et machines d'extraction, installations de lavage et de triage connexes aux fosses, lampisteries et douches du personnel et bureau de vote, etc[2]. Les dépendances légales se distinguent cependant des industries annexes. En droit comparé, notamment en France, cette distinction est fondée sur une pratique administrative. Ainsi on entend par « dépendances légales », les engins d'extraction et les installations qui se rattachent à l'exploitation, en constituent techniquement la suite directe et indispensable, et dans lesquelles s'effectuent des opérations nécessaires pour amener le produit brut extrait, à ce premier état hors duquel il n'est pas encore marchand[3]. Ces dépendances conditionnent en réalité l'exploitation matérielle de la mine. Elles ne peuvent donc exister à l'état d'industrie distincte effectuée par un tiers, car elles ne seraient pas en elles-mêmes rémunératrices. Elles ne se distinguent donc pas

---

[1] Aguillon (P.), De la déchéance du droit d'exploiter les mines, Thèse, Paris 1963, n° 22 b.

[2] Personnaz, Le droit des mines, Jurisclasseur administratif, fascicules 371 et suivants

[3] Russo, op.cit., p. 240.

juridiquement de la mine elle-même, et le droit minier doit leur être applicable.

**6-** Ces extensions sont-elles cependant démesurées, au point d'admettre d'une part, les constructions érigées par l'exploitant minier, dans le but de loger ses ouvriers, et d'autre part les industries annexes ? S'agissant des habitations, on répondrait a priori par la négative, dans la mesure où elles semblent n'avoir aucun rapport avec le droit minier. Mais, parce qu'elles existent pour les besoins de l'exploitation, elles devraient faire corps avec la mine. Dans tous les cas, la distinction ne sera pas aisée, et sera certainement l'œuvre de la jurisprudence. Quant aux industries annexes, elles correspondent à des opérations ayant pour objet de traiter un produit déjà utilisable en l'état. Elles pourraient très bien être effectuées par des tiers et relèvent non de la législation minière, mais du droit commun industriel[1].

**7-** Dans une acception large, le terme mine vise donc en premier lieu le gisement minier, naturel et artificiel. En second, les usines de traitement ou de transformation y compris les installations et matériels mobiliers et immobiliers affectés à l'exploitation, et ce compris, toutes les industries qui se rattachent à l'activité minière du titulaire, dont les installations d'habitation et autres à caractère social, à l'exclusion des industries annexes. C'est d'ailleurs cette approche qui est intégrée de manière explicite dans certains textes étrangers, à l'instar du Code minier de la République Démocratique du Congo. En effet, ce texte définit la mine comme étant, « *tout gisement ou gisement artificiel des substances minérales classées en mines, exploitable à ciel ouvert ou en souterrain et/ou toute usine de traitement ou de transformation des produits de cette exploitation se trouvant dans le*

---

[1] Russo, *Idem*.

*périmètre minier, y compris les installations et matériels mobiliers et immobiliers affectés à l'exploitation* »[1].

**8-** Ainsi définie, la mine se distingue ***des carrières***. Dans le Code minier[2] camerounais, les substances de carrières s'entendent des matériaux de construction ou minéraux industriels extraits par fouilles ou autrement, dans le but de fournir des matériaux destinés à la construction, au commerce, à l'industrie ou à la fabrication. Sont considérées comme carrières au sens du Code minier[3], les matériaux de construction et d'amendement pour la culture des terres et autres substances analogues, à l'exception des calcaires, des phosphates, des nitrates, des sels et autres sels associés dans les mêmes gisements. Les tourbières sont également classées parmi les carrières. En dehors de la destination du matériau, les mines se distinguent aussi des carrières par rapport à la nature du matériau extrait. En effet, le matériau est précieux pour la mine, et de moindre valeur pour la carrière. Seules ces deux matières sont régies dans le Code minier, à l'exclusion des hydrocarbures liquides et gazeux ainsi que les schistes bitumeux qui font l'objet de lois particulières[4].

## I- Les origines du droit minier camerounais.

**9-** De manière générale en Afrique, les écrits historiques mentionnent l'entrée du Roi Mansa Moussa dans la ville du Caire en 1324, précédé de 500 esclaves portant chacun 1,7 kilogramme d'or. Il serait pense-t-on à l'origine de la première crise financière consécutive à une baisse du prix de cette matière première. Ce qui implique

---

[1] Article 1.29 du Code minier Congolais.

[2] Article 2 Code minier.

[3] Article 3 alinéa 2.

[4] Article 1 alinéa 3 du Code minier.

que les africains ont toujours été concernés par l'activité minière. Il s'agit de l'activité minière artisanale qui a pendant longtemps supplanté l'exploitation minière semi-industrielle qui n'est apparue qu'après la Seconde Guerre mondiale, à l'exception de certains pays comme l'Afrique du Sud. Dans le cas particulier du Cameroun, deux grandes étapes marquent l'histoire du Droit minier. En effet, les premiers textes applicables en la matière remontent à la période coloniale (**A**), avec la domination allemande, puis la tutelle française et britannique. Suivra la période post-coloniale (**B**), laquelle marque la souveraineté politique, et législative du Cameroun.

### A- Le droit minier issu de la colonisation

**10-** De manière générale, l'histoire de la participation étrangère dans le secteur de l'extraction des ressources de l'Afrique est de faits marquants. De nombreuses politiques de l'ère coloniale, dont l'introduction d'économies monétaires et dans l'infrastructure, peuvent être liées à l'objectif d'accroitre leur valeur[1]. Néanmoins les travaux d'exploitation minière contrôlés par les Européens durant l'ère coloniale ont peu contribué au développement national et continental, la majorité des revenus étant transférés à l'étranger, ce qui a entrainé un manque sur le plan de l'approvisionnement et de la propriété des ressources locales[2]. De plus les collectivités ont souffert de plusieurs perturbations sociales et destructions environnementales[3].

---

[1] Besada (H.), Martin (Ph), Rapport de recherche, Les Codes miniers en Afrique : la montée d'une quatrième génération, INS, mai 2013.
[2] Besada (H), Martin (Ph.), Idem.
[3] Wilson (P.), 2009, The Minerals Boom in Sub-Saharan Africa : Continuity , change and prospect.

**11-** De 1884 à 1922, le Cameroun a été sous la domination allemande. Par conséquent, la gestion de ses ressources minérales était régie par l'ordonnance minière du 28 novembre 1892, laquelle avait dérogé au droit prussien en vigueur dans les colonies allemandes d'Afrique, à l'exception des territoires du sud-ouest, régis quant à eux par le droit régalien de la compagnie coloniale allemande. Cette ordonnance de 1982 s'appliquait aux minéraux visés par l'ordonnance du 15 aout 1889, en vigueur dans les colonies allemandes du Sud-ouest africain, inspirée des législations anglaises sud-africaines. D'après ce texte, la recherche et l'exploitation de ces minéraux était autorisée par l'Administration. L'inventeur n'avait aucun droit acquis pour obtenir la concession des gisements découverts. Aussi, ce texte grevait les propriétaires superficiaires de l'obligation de supporter les recherches de mines, et leur reconnaissait le droit à la moitié des redevances minières d'exploitation[1].

**12-** En 1922, date de la signature du texte confiant l'Administration du Cameroun à la Grande-Bretagne et à la France, au nom de la société des Nations, deux régimes distincts régissaient l'activité minière : le régime minier applicable aux colonies anglaises en ce qui concerne le Cameroun sous mandat Britannique, et le régime minier d'outre-mer issu du décret du 13 novembre 1954, complété par le décret du 11 novembre 1956 sur les conventions de longue durée, pour ce qui est du Cameroun sous-mandat Français. Ces derniers textes s'appliquaient exclusivement aux colonies françaises d'Afrique noire Francophone.

**13-** S'agissant du cas particulier du Sahara, un texte important régissait l'activité minière, à savoir,

---

[1] De laubadère (A), Droit administratif, Administration de l'économie, LGDJ, 1988, p.386 et s.

l'ordonnance du 22 novembre 1958, portant Code minier de l'O.C.R.S[1]. Ces régimes avaient un objectif commun, à savoir, encourager l'exploitation minière en Afrique. En effet, le législateur d'outre-mer avait institué des règles qui allaient dans le sens de la reconnaissance contractuelle de la concession minière[2]. C'est dans cette optique que le décret de 1956[3] avait prévu que les entreprises pouvaient conclure avec les territoires, des conventions dans lesquelles le territoire s'engageait à ne pas modifier pendant une certaine durée, le régime fiscal, et certains aspects de la législation applicable aux sociétés. Cette garantie s'inscrivait ainsi dans un cadre contractuel, car aux termes des dispositions de ce décret, ces conventions étaient considérées comme des contrats. Dans le même sens, le texte du 22 novembre 1958 applicable dans la partie du Sahara, prévoyait lui aussi que la convention de concession fixe les conditions dans lesquelles certains aspects du régime minier et du régime des sociétés tels qu'ils sont définis par la législation et la règlementation en vigueur ne peuvent être aggravés pendant la durée de la concession, sans accord préalable des parties. Telle était la situation du Cameroun avant son accession à l'indépendance.

### B- Le droit minier du Cameroun indépendant

**14-** Depuis leur accession à l'indépendance, les pays africains se sont dotés de leur propre législation minière. Tel est le cas du Cameroun qui a eu son premier texte minier en 1964, avec la loi n° 64/LF/3 du 6 avril 1964

---

[1] Ce texte était couramment appelé Code pétrolier Saharien.

[2] De Laubadère, (A), Idem .

[3] Ledit décret s'appliquait aux entreprises productives, et non aux seules entreprises minières.

portant régime des substances minérales de la République Fédérale du Cameroun[1]. Seulement, les faits ont toujours précédé le droit dont la gestation a été lente. Et cela se justifie dans notre matière, dans la mesure où, l'environnement minier a évolué depuis 1960. En effet, depuis l'apparition des premiers textes de droit minier, de nouveaux besoins se sont fait sentir, rendant le texte de 1964, incompatible aux nouvelles aspirations politiques, sociales, et surtout économiques. Car depuis plus d'une décennie, le Cameroun, comme la plupart des pays d'Afrique noire, fait face à une économie moribonde. Sous l'impulsion des organisations financières internationales, tels le Fonds Monétaire International, la Banque Mondiale, la nécessité s'est donc posée, notamment pour l'Etat, de relancer son activité économique[2]. Et le sous-sol se présenta comme l'une des parades. D'autant plus que le

[1] A la suite de ce texte, d'autres ont vu le jour. On peut citer entre autres : le décret d'application n° 64/DF/163 du 26 mai 1964, fixant les conditions d'application de la loi n° 64/LF/3 du 6 avril 1964 portant régime des substances minérales de la république fédérale du Cameroun ; la loi n° 74/372 du 19 avril 1974 fixant les conditions d'application de la loi n° 73/16 du 7 décembre 1973 portant régime des eaux de source et des eaux minérales ; la loi n° 74/411 du 24 avril 1974 réglementant l'exploitation artisanale de l'or ; la loi n° 78/24 du 29 décembre 1978 fixant l'assiette, les taux et mode de recouvrement des droits fixes et redevances et taxes minières ; la loi n° 90/1477 du 9 novembre 1990 portant réglementation de l'exploitation des carrières ; la loi n° 90/1478 du 9 novembre 1990 modifiant et complétant certaines dispositions du décret n° 81/277 du 17 juillet fixant les modalités d'acquittement de la taxe à l'extraction des produits de carrière ; la loi n° 96/337/PM du 30 mai 1996 réglementant l'exploitation artisanale et semi-industrielle, la collecte et la commercialisation des substances précieuses.

[2] La révision et l'actualisation juridique des normes du secteur minier permettent de tenir compte de l'évolution des connaissances et de meilleures pratiques.

pays dispose de gisements miniers d'importance mondiale[1]. Toutes choses qui ont amené le législateur à repenser sa législation minière. En effet, après l'indépendance, la part de l'Afrique dans la production mondiale des minéraux a considérablement diminué. La faiblesse des prix des minéraux a découragé l'investissement dans des secteurs à haut risque, ce qui s'est traduit par un effondrement des activités d'exploration sur le continent[2]. Selon la Banque mondiale, la part du continent dans la production minérale internationale a chuté de trente un pour cent en 1987, alors que les dépenses engagées pour l'exploration et la maintenance des activités existantes ont aussi diminué. Pour ce qui est le cas de l'Afrique subsaharienne, dans les années 1980, elle comptait pour vingt et un pour cent, la masse terrestre mondiale, mais recevait seulement quatre pour cent des dépenses mondiales pour l'exploration minière[3].

**15-** Alors, dans le but d'attirer et de stimuler l'investissement, d'encourager l'exploitation minière, et surtout de lutter contre la pauvreté, les pouvoirs publics au Cameroun ont adopté la loi n° 001-2001 du 16 avril 2001 portant Code minier, dont le décret d'application n° 2002/648/PM date du 26 mars 2002. Quelques années plus tard, dix-sept des cent seize articles qui constituent la loi de 2001 ont été modifiés par la loi n° 2010/011 du

---

[1] Le Cameroun a un potentiel minier énorme. Il constitue la deuxième réserve mondiale de rutile après la Sierra Léone, et cinquième réserve mondiale de bauxite. Il regorge également plus de huit cent millions de tonnes de fer.

[2] Bridge G (2004), Mapping the bonanza: geographies of mining investment in area of néolibéral reform, Professional, Geographer 53 :3, 406-21.

[3] *Idem.*

29 juillet 2010. En 2016, un nouveau Code minier[1] voit le jour, il donne un visage moderne à la matière. Ce Code participe à raccourcir la distance créée par les précédents entre communautés et les autres acteurs à savoir, l'Etat et l'investisseur minier.

**16-** Tous ces textes abrogent l'ancien texte minier dans sa rédaction issue de la loi de 1964, et des textes qui l'ont complété ou modifié à l'exception de quelques dispositions. Ils abrogent également un grand nombre de textes et de dispositions non codifiées, devenues inappropriées, et prévoient de ce fait une redéfinition du rôle et des fonctions de l'Etat, dans le but de créer un environnement propice à l'activité minière, et un jeu libre des forces du marché. En effet, de manière globale, deux rôles majeurs sont assignés à l'Etat. D'abord il est partenaire obligatoire des entreprises minières. Car l'octroi d'un permis d'exploitation donne obligatoirement lieu à l'attribution à titre gratuit à l'Etat de dix pour cent (10 %) des parts ou actions d'apport de la société d'exploitation, libres de toute charge. Ensuite, l'Etat est percepteur[2] et régulateur, dans la mesure où il perçoit les taxes relatives à l'exploitation minière, et régule le secteur minier. Cette situation ambivalente est à notre avis embarrassante dans la mesure où elle est de nature à générer des conflits d'intérêts entre les différentes fonctions de l'Etat. En effet, tandis que l'Etat-percepteur a intérêt à maximiser les recettes fiscales, l'Etat associé a intérêt à maximiser ses profits après impôts, voire à minorer sa fiscalité. Plus embarrassante encore, sa place minoritaire dans l'entreprise minière.

---

[1] Loi n° 2016 - 017 du 14 décembre 2016.

[2] C'est-à-dire que l'Etat perçoit également les taxes dus au titre de l'activité qui est menée.

**17-** Même lorsque l'Etat augmente sa participation au capital des sociétés, cet apport ne peut excéder vingt pour cent. En assignant ainsi plusieurs rôles divergents à l'Etat, le législateur minier le contraint à un écart permanent et neutralise sa capacité de contrôle. Ainsi, des craintes de conflits entre Etat et entreprises minières sont susceptibles de gêner les fonctions de puissance publique de l'Etat. Par exemple des entreprises pourraient attendre que les exonérations dont elles bénéficient en principe soient effectivement appliquées pour verser leur dividende à l'Etat associé.

## II- La politique minière du Cameroun : Les mines appartiennent à l'Etat.

**18-** Traiter de la politique minière du Cameroun revient à se poser la question fondamentale de savoir, qui doit être considéré comme propriétaire des gisements miniers, et d'une façon plus générale comment doit s'acquérir le droit de les exploiter ? A cette question, il importe d'exposer préalablement les différents systèmes juridiques généralement appliqués au monde, avant de dégager la solution retenue par le législateur Camerounais.

**19-** Trois solutions sont généralement envisagées à savoir : la propriété du sol emporte celle du tréfonds ; la solution de la mine appartient à son inventeur ; l'idée selon laquelle les gisements appartiennent à la collectivité.

***-La propriété du sol emporte celle du tréfonds*** : cette formule est généralement adoptée par les pays de type anglo-saxon. Ce système considère que la propriété de la surface emporte par accession celle du tréfonds. Les gisements appartiennent donc au propriétaire du sol. Parce qu'il ne résout pas certains problèmes, tels la qualité de l'exploitant, on s'accorde à reconnaitre qu'il ne se justifie au nom d'aucun principe supérieur et que le lien juridique n'apparait pas entre le sol et les biens subjacents d'une nature particulière, qui ne sont pas nécessaires, ni à sa mise en valeur ni à son exploitation. Les diverses justifications historiques ou philosophiques de la propriété individuelle sont difficiles à invoquer en la matière et l'on admet généralement que la législation minière est une législation attributive plutôt que recognitive[1].

**20-** ***La mine appartient à son inventeur*** **:** Selon ce système, la mine est un *res nullius* susceptible d'acquisition par occupation. Elle appartient donc à celui qui l'a trouvé. Ce principe s'explique en récompense d'importants travaux que l'inventeur a effectués pour la découverte du gisement. En effet, l'activité minière requiert des capacités techniques spéciales et la mise en œuvre de moyens matériels et financiers considérables. Il est donc normal que celui qui découvre le gisement en soit le propriétaire. Ce système présente un inconvénient, celui de favoriser l'accaparement spéculatif des mines.

***- la mine appartient à la collectivité.***

**21-** Ce système consacre le droit de la collectivité sur les gisements miniers. Puisqu'ils n'appartiennent à personne, on peut attribuer leur propriété à l'Etat. Ce dernier a le pouvoir d'en confier la recherche et l'exploitation dans des conditions strictement déterminées par la loi. C'est le cas du Cameroun. En effet, selon le Code minier, « *les mines sont et demeurent la propriété de l'Etat* »[2]. Ce dernier exerce sur l'ensemble du territoire camerounais des droits souverains. Le terme mine vise en réalité les gisements miniers naturels et artificiels. Cette propriété de l'Etat sur les mines, est une *propriété exclusive* en ce qu'aucune personne physique ou morale, ne peut prétendre à un quelconque droit de propriété, et l'Etat ne peut la partager avec quiconque à titre de copropriété. Aussi, ce droit de propriété de l'Etat est

[1] Russo, op.cit., p. 2.

[2] Article 5 alinéa 1 du Code minier de 2016.

inaliénable et imprescriptible en ce qu'aucune personne ne peut en demander l'aliénation d'une part, et que d'autre part, l'Etat ne peut pas perdre ce droit par prescription. Il en découle qu'à la cessation du droit minier d'exploitation, les gisements naturels et artificiels reviennent à l'Etat. Autrement dit, ils retournent dans le domaine public. Il est important de noter que les gisements qui reviennent à l'Etat sont ceux se trouvant sur les périmètres totalement ou définitivement libres de tous droits de tiers. La conséquence du retour de ces gisements à l'Etat, propriétaire entraine que celui-ci ne peut concéder des droits miniers sur ce périmètre par le procédé normal d'attribution des droits miniers. Il ne peut que le faire par voie d'appels d'offres dans la mesure où il s'agit des gisements étudiés et documentés à partir des travaux d'exploration réalisés par des tiers, anciens titulaires des droits miniers et de carrière d'exploitation. La propriété de l'Etat sur les gisements miniers s'étend à la cessation des droits miniers, c'est-à-dire, à l'expiration du permis ou de l'autorisation d'exploitation artisanale, à la suite du retrait, ou de la renonciation du titre donnant droit à exploitation.

**22**- L'Etat en tant qu'expression juridique de la collectivité intéressée par la mise en valeur d'une richesse sur laquelle nul ne peut prouver qu'il a des droits, doit en être considéré comme le propriétaire originaire. Il pourra alors l'exploiter lui-même ou la faire exploiter par des tiers, aux conditions qu'il jugera opportunes, selon les règles de la domanialité. Ce système présente l'avantage de faire prédominer sans difficultés les nécessités de l'intérêt général sur tous les intérêts privés en présence.

**23-** En ce qui concerne les carrières, leur périmètre relève du domaine public naturel et l'Etat y accorde des autorisations d'occupation aux exploitants dans le respect de la législation foncière. Il existe donc une différence de régime voulue par le législateur entre la mine et la carrière. En effet, les gites de substances naturelles sont classées en fonction de leur régime juridique, en mines et en carrières[1]. Il ne s'agit donc pas d'un critère distinctif technique, mais juridique, puisque fondé sur la différence de régime légal applicable à chacune des deux catégories. Au-delà de cette distinction, la loi a prévu des règles communes applicables à l'exploitation de ces substances, sous leurs différentes formes[2]. Le droit minier distingue pour cela les dispositions communes applicables aux opérations minières (**Première partie**), et les règles spécifiques applicables à chaque type d'opération minière. (**Deuxième partie**).

---

[1] Article 6 alinéa 1du Code minier 2016.

[2] Industrielle, semi-industrielle, artisanale, semi-mécanisée.

# PREMIÈRE PARTIE : LES RÈGLES GÉNÉRALES APPLICABLES À TOUTES LES ACTIVITÉS MINIÈRES

**24-** Le Code minier met en relief deux types de règles à savoir : les règles générales et les règles particulières. En droit minier, les règles générales sont celles qui s'appliquent à l'ensemble des opérations minières, qu'elles soient industrielles, semi-industrielles, artisanales, semi-mécanisées. Dans le Code minier, principale source du droit minier, elles régissent les conditions d'attribution des titres miniers et autorisations (**Titre I**), ainsi que les droits et obligations qui incombent aux opérateurs miniers dument investis dans leurs droits (**Titre II**).

# TITRE I : LES DISPOSITIONS COMMUNES AUX TITRES MINIERS ET AUTORISATIONS

**25-** L'activité minière au Cameroun est conditionnée par l'obtention d'un titre minier ou d'une autorisation. Mais qu'est-ce qu'un titre minier ? Le titre minier est un acte juridique délivré par l'autorité compétente à une personne physique ou morale aux fins de l'exercice des activités minières sur une parcelle délimitée du territoire national[1] Il existe cinq titres miniers dans le Code minier à savoir : l'autorisation d'exploitation artisanale, l'autorisation d'exploitation artisanale semi-mécanisée, le permis de recherche, le permis d'exploitation de la petite mine, le permis d'exploitation de la mine industrielle.

**26-** Quant à l'autorisation, elle est l'acte par lequel l'autorité administrative compétente donne pouvoir à l'exploitant de mine d'entreprendre des activités dans le périmètre sollicité. Le législateur utilise donc indifféremment les termes titre minier et autorisation, en fonction de la nature et surtout de l'importance de l'activité qu'entend mener l'investisseur. Dans tous les cas, ces actes administratifs trouvent à s'appliquer dans les opérations minières industrielles, semi-industrielles, artisanales, et semi-mécanisées, qu'il s'agisse de l'exploitation des mines proprement dites, ou des gites de substances de carrières. Seront étudiées dans ce titre, les conditions d'attribution des titres et autorisations (**Chapitre I)**, leur validité (**Chapitre II**), les transactions portant sur les titres miniers (Chapitre **III**).

---

[1] Article 4 Code minier 2016.

## CHAPITRE I : LES CONDITIONS D'ATTRIBUTION DES TITRES MINIERS ET AUTORISATIONS.

**27-** Pour obtenir un titre minier ou une autorisation, en vue d'entreprendre une activité minière, plusieurs conditions sont généralement exigées du demandeur. Il s'agit notamment de la condition relative à la personnalité juridique, (**Section I**), la justification d'un domicile ou d'une représentation (**Section II**), la preuve des capacités financières et techniques du demandeur (**Section III**). Et même si le Code minier ne le dit pas expressément, ces conditions concernent aussi le gisement sollicité (**Section IV**) lorsqu'il s'agit d'une exploitation minière proprement dite.

### Section I : Les conditions relatives à la personnalité juridique du demandeur

**28-** L'activité minière est une activité commerciale[1]. Dès lors, pour obtenir un titre minier ou une autorisation, il faut satisfaire aux conditions de capacité pesant sur les commerçants. Outre cette exigence, d'autres conditions sont requises. Elles sont relatives à la nature juridique des personnes pouvant demander ou détenir un titre minier ou une autorisation (**Sous-section I**), à la nationalité du demandeur du titre ou de l'autorisation (**sous-section II**), la justification d'un domicile ou d'une représentation au Cameroun (**Sous-section III**).

---

[1] Pour obtenir un titre minier ou une autorisation, il faut satisfaire aux conditions de capacité prévues par l'acte Uniforme OHADA sur le droit commercial général.

### Sous-section I : La nature juridique des personnes pouvant demander ou détenir un titre minier ou une autorisation.

**29-** Au sens de l'article 8 du Code minier[1] , peut entreprendre une activité minière sur le domaine public, domaine privé de l'Etat, ou le domaine national, toute personne physique ou morale. En ce qui concerne les personnes physiques, quel que soit l'activité à conduire ou à entreprendre, l'attribution des titres et autorisations à cette catégorie de personnes pose très peu de problèmes juridiques particuliers. Cependant une question délicate concerne les personnes décédées avant la fin de la procédure de délivrance. Se trouvent-elles valablement investies et leur droit passe-t-il de plano à leurs héritiers ? Le droit minier camerounais n'apporte malheureusement pas de réponse à cette question importante. En droit français par contre, on considère qu'un titre minier accordé à un individu décédé doit être tenu pour non avenu.

**30-** S'agissant des personnes morales, bien des questions peuvent retenir notre attention. D'abord, le cas d'un groupe de personnes non réunies en société. Le législateur minier camerounais n'a rien prévu à cet effet. En droit comparé, notamment en droit français, l'attribution des titres miniers à plusieurs demandeurs agissant conjointement sans être liés par un acte social demeure également possible. Le Code minier français prévoit expressément la possibilité d'accorder une concession à un groupe de personnes ou de sociétés.

**31-** Ensuite, on pourrait s'interroger sur la question de savoir si lorsqu'un titre minier a été sollicité par une personne et institué en son nom, qu'ultérieurement, il soit

---

[1] Code minier de 2010.

détenu par plusieurs, par suite de conventions passées avec la première ou des liens de droit survenus entre elles. Cela est permis notamment en ce qui concerne les accords de partenariats techniques[1]. En droit français aussi à condition qu'évidemment le premier demandeur dont les garanties ont été appréciées demeure en place et sous réserve de l'accord du gouvernement[2].

**32**- En ce qui concerne les personnes morales ou sociétés minières, elles sont aujourd'hui la forme la plus courante de l'entreprise minière[3]. Cela s'explique par l'exigence de la mise en œuvre des capitaux considérables pour la mise en œuvre des travaux de recherche ou d'exploitation.

### Sous-section II : La nationalité des personnes pouvant demander le titre minier ou l'autorisation

**33**- Le Code minier dans sa version de 2001, assimile en principe l'étranger au ressortissant camerounais en ce qui concerne la demande et le renouvellement des titres et autorisations[4]. En effet, « *toute personne physique ou morale peut entreprendre ou conduire une activité régie par la présente loi, sur le domaine public, le domaine privé de l'Etat, le domaine national ou le domaine privé des particuliers* »[5]. Cette

---

[1] Article 2, décret n° 2014/2349/PM du 01 aout 2014, modifiant et complétant certaines dispositions du décret n° 2002/648/PM DU 26 mars 2002 fixant les modalités d'application de la loi de 2001.

[2] Cass.civ. 19 février 1850, Dalloz 1850-1-181).

[3] Russo, op.cit., p. 76 et s.

[4] En droit comparé, certaines législations, comme le droit minier allemand (loi du 1er décembre 1937) imposent à l'entreprise minière, notamment à l'entreprise d'exploitation, d'être constituée sous la forme d'une société spéciale.

[5] Article 15 alinéa 1 du Code minier de 2016.

version apporte quelques exceptions, celles de l'article 8 (Code de 2001), maintenues dans le Code de 2016. Au titre de celles-ci, l'exercice de l'activité minière artisanale. En effet, elle est réservée exclusivement aux personnes de nationalité camerounaise sous réserve de l'obtention d'une carte individuelle de prospecteur et/ ou de l'autorisation d'exploitation artisanale délivrée dans les conditions définies. En termes de personnes, il s'agit des personnes physiques, à l'exclusion des personnes morales, considérées en droit comme une fiction juridique.

**34-** Ces dispositions ne sont cependant pas valables en ce qui concerne la commercialisation des produits issus de l'activité minière artisanale. Car selon l'article 45 alinéa 1 du décret d'application du Code minier de 2001, la commercialisation des substances minérales issues de l'exploitation artisanale est ouverte à toute personne physique ou morale de nationalité camerounaise.

**35-** Dans sa nouvelle version, la loi portant Code minier de 2016, accorde aux seules personnes morales de droit camerounais, la possibilité d'obtenir un titre minier. D'autres exceptions subsistent par contre, il s'agit entre autres, de l'exploitation des carrières. En effet, selon la loi, l'autorisation d'exploitation de carrières ainsi que le permis d'exploitation de carrières sont délivrés par le Ministre chargé des mines, après consultation des autorités administratives compétentes et des communautés locales concernées, aux personnes physiques de nationalité camerounaise et aux sociétés de droit camerounais[1].

**36-** Ces qualités à caractère personnel ne sont cependant pas suffisantes. Le demandeur d'une autorisation ou d'un titre minier doit justifier d'un domicile, à défaut une représentation au Cameroun.

---

[1] Article 69 Code de 2016.

## Section II : La justification d'un domicile ou d'une représentation au Cameroun

**37**- Tout titulaire d'u titre minier doit justifier d'un domicile au Cameroun. En droit commun, le domicile est le lieu du principal établissement d'une personne[1]. Il se distingue de la résidence et de l'habitation. En principe le domicile est librement choisi. Il peut également être imposé par la loi, on parle à cet effet de domicile légal. De même il y a le domicile élu, celui-là qui est choisi pour l'exercice de certains actes. C'est le cas, en ce qui concerne l'activité minière, du domicile des personnes qui ne résident pas au Cameroun. Ces dernières doivent élire domicile chez des représentants dont ils font connaitre l'identité et les qualifications à l'Administration chargée des mines.

**38**- A défaut d'un domicile, le demandeur d'un titre minier ou d'une autorisation doit justifier d'une adresse ou d'une représentation[2]. La notification des cartes administratives, instructions, et documents est faite exclusivement à l'adresse de l'intéressé ou à celle de son représentant. Tout changement d'adresse ou de représentation doit être communiqué au Ministre chargé des mines dans les délais n'excédant pas 30 jours. Les demandes et tous les autres documents doivent être rédigés en Français ou en Anglais. Ils sont datés, signés, et timbrés aux tarifs en vigueur. Lorsque la loi requiert qu'une demande soit introduite en plusieurs exemplaires, un mandataire qui introduit une demande au nom d'un titulaire d'un titre minier, d'un permis ou d'une autorisation doit justifier de son identité, de sa qualité, de son adresse et de son pouvoir. Cette condition doit

---

[2] article 3 du décret d'application du Code minier.

cependant être complétée par la preuve des capacités financières et techniques du demandeur.

### Section III : La justification des capacités financières et techniques du demandeur.

**39-** Le droit camerounais n'a pas tenu compte pour l'attribution des titres miniers et autorisations, des droits de préférence, qui dans les législations anglo-saxonnes, préexistent en faveur de l'inventeur ou du propriétaire du sol[1].

**40-** Au Cameroun, l'octroi des droits miniers s'effectue selon une sorte de concours sur titres destiné à déterminer la personne qui sera plus apte à les détenir et à les mettre en valeur. En effet, l'attribution d'un permis de reconnaissance ou d'un titre minier est subordonnée à la justification des capacités financières nécessaires à l'ensemble des opérations liées à ce permis ou à ce titre. Cela se justifie dans la mesure où l'activité minière est une entreprise qui nécessite de moyens financiers colossaux. Le demandeur doit pour cela apporter la preuve qu'il dispose des moyens financiers lui permettant de conduire son activité à terme. C'est dans ce sens que les dispositions du Code minier obligent le demandeur à un titre minier ou autorisation à présenter une caution dans l'optique de garantir l'exécution de ses obligations. Selon le Code minier « *L'attribution d'un permis de recherche ou d'un permis d'exploitation est conditionnée par le versement d'une caution garantissant l'exécution par le titulaire de ses obligations....* »[2]. Le cautionnement dont il est question, peut être effectué par garantie bancaire, par lettre de garantie d'une compagnie d'assurance, par dépôt d'espèce auprès d'un établissement bancaire local ou par

---

[1] C'est également la solution retenue en droit français.

[2] Article 19 Code minier 2001.

toute autre forme reconnue par la législation camerounaise en la matière.

**41-** Outre les capacités financières, il est également exigé au demandeur d'apporter la preuve des moyens techniques permettant de conduire l'activité sollicitée. Le point de vue technique est secondaire. Les titres et autorisations sont le plus souvent accordés à un capitaliste doublé d'un ingénieur, et il est bien évident qu'avec des moyens financiers adéquats un entrepreneur trouvera le plus souvent une direction technique, un personnel spécialisé et des moyens matériels sous forme d'outillage ou autre susceptibles de l'aider à remplir dans les conditions les meilleures, la tâche qu'il s'est assignée[1]. En cas de demandes concurrentes, à conditions égales de propositions de travaux, de capacités techniques et financières, la priorité est donnée au premier demandeur, la date et l'heure faisant foi. Cependant lorsque la demande concerne les travaux d'exploitation d'un gisement découvert, le gisement doit être exploitable.

## Section IV : les conditions relatives au gisement, objet du titre sollicité

**42-** Les titres miniers et autorisations ont pour effet d'accorder à une personne, le droit de rechercher ou d'exploiter les substances minérales. Même si le Code minier ne le mentionne pas expressément, il est normal que leurs conditions de délivrance s'analysent quant à l'objet sur lequel portera le droit généré. Les titres et autorisations dont s'agit ne peuvent porter que sur les eaux de surface, les hydrocarbures liquides et gazeux ainsi que les schistes bitumeux[2].

---

[1] Aguillon, cité par Russo, op.cit., p. 85.

[2] Ces dernières font l'objet de lois particulières.

**43-** Avant de délivrer un titre ou une autorisation, l'autorité administrative compétente doit s'assurer du caractère exploitable du gisement. Un gisement est dit exploitable, lorsqu'il revêt une importance, en raison du volume de minerais. La notion d'exploitabilité est difficile à déterminer. D'après certains auteurs, il faut d'après la nature et l'importance des résultats donnés par les travaux de recherche ou de reconnaissance, apprécier quelles sont la consistance, l'étendue de la valeur du gite découvert[1]. C'est cette appréciation qui doit conduire à présumer si l'exploitation sera suffisamment lucrative et utile à la collectivité. Dans tous les cas, il faut un élément technique et économique. En effet, pour qu'il soit utilement exploitable, le gisement doit être suffisamment reconnu. Le caractère techniquement exploitable repose sur le prix de revient de la matière. Ce prix doit être industriellement acceptable, par rapport à la valeur courante du produit sur les marchés, régulateurs, sans avoir égard à la valeur réelle et particulière de laquelle le cours de ces marchés ferait ressortir actuellement le produit sur le carreau de la mine[2]. Le gisement au contraire sera fructueusement exploitable lorsque l'écart entre ce prix de revient et cette valeur laisse une marge suffisante.

**44-** Sur un plan économique, l'institution d'un titre d'exploitation, sur un gite reconnu techniquement exploitable, ne devrait pas être refusée si des circonstances économiques spéciales, telles que l'éloignement des marchés de consommation ou des voies de communication, devaient rendre son exploitation actuelle pratiquement impossible. Bien que le gouvernement n'ait pas à se préoccuper du succès financier des entreprises minières, il y a là une considération d'une importance

---

[1] Russo, op.cit, p. 66.
[2] CE, 19 décembre 1891, DP 1893-3-29.

certainement moindre que la précédente, mais néanmoins de même ordre. Dans le système du droit régalien, les autorités qui délivrent les titres miniers disposent d'un pouvoir discrétionnaire pour en user au mieux de l'intérêt public[1]. Il se peut que celui-ci exige que l'on tienne compte, dans certaines circonstances de considérations d'ordre économique[2]. En effet, l'érection d'une entreprise dénuée de tout espoir de viabilité, et destinée à la faillite à plus ou moins longue échéance, peut provoquer de regrettables conséquences sur le plan social et économique. Dans la mesure où cette viabilité dépendrait d'un fait qu'il serait possible d'apprécier à l'origine, l'administration pourrait très bien refuser le titre sollicité. On doit donc poser en principe qu'elle devra, le cas échéant, s'en préoccuper.

---

[1] Russo, Idem

[2] Russo, Idem.

## CHAPITRE II : LA VALIDITÉ DES TITRES MINIERS OU DES AUTORISATIONS

**45**- Les dispositions relatives à la validité des titres miniers sont contenues au chapitre III du titre II du Code minier de 2001. Comme la plupart des législations minières étrangères, la durée des titres et autorisations est fixée par le législateur. Cette durée, « .... *court à compter de la date de notification de la décision d'attribution* »[1], et s'impose non seulement au titulaire du titre, mais à l'Administration. Cette dernière ne pouvant y mettre fin prématurément en dehors des cas de déchéance.

**46**- Au-delà de la fixation de la durée, les règles d'extinction des titres et autorisations sont les mêmes en ce qui concerne les titres et autorisations. En effet, les droits miniers et de carrières s'éteignent normalement par l'expiration du temps pour lequel ils ont été octroyés. Les titulaires de ces droits peuvent également y renoncer (**Section I**). L'Etat peut aussi procéder à leur retrait (**Section II**).

### Section I : L'extinction volontaire : la renonciation

**47**- Le titulaire d'un titre minier ou d'une autorisation peut renoncer à son titre. C'est le cas d'un exploitant qui décide d'arrêter les travaux d'exploitation parce qu'il estime que le périmètre attribué ne serait pas rentable. La renonciation révèle généralement deux hypothèses. La première, celle où l'arrêt des travaux porte sur toute la surface : c'est la renonciation totale. L'autre hypothèse concerne le cas où l'exploitant estime que seule une partie du périmètre ne serait pas rentable : on parle à cet effet de la renonciation partielle. Ces deux formes

[1] Article 22 Code minier 2001.

obéissent à la même procédure (**Sous-section I**), mais génèrent des effets différents (**Sous-section II**).

### Sous-section I - La procédure de la renonciation

**48-** La renonciation n'est jamais unilatérale, elle suppose pour devenir effective que l'Administration, c'est-à-dire l'autorité administrative compétente en ait pris acte ou l'ait acceptée. En effet, le titulaire d'un titre minier qui désire renoncer tout ou partie doit informer le Ministre chargé des mines à travers le conservateur par note motivée avec accusé de réception le cas échéant, assortie des documents permettant d'établir que le titulaire a rempli les obligations liées au titre minier et à la réhabilitation du site. Si la renonciation ne porte que sur une partie du titre minier la note est accompagnée :

- Dans le cas d'un permis de recherche, d'un plan décrivant le contour du périmètre conservé ;
- Dans le cas de tout autre titre minier, d'un relevé de terrain conservé, effectué suivant les modalités prévues par le présent décret.

Le conservateur doit, dans un délai de quinze jours suivant le dépôt du dossier de renonciation, s'assurer de sa régularité. Ensuite, il doit

- Inscrire la renonciation dans le registre des titres ;
- Certifier l'enregistrement de la renonciation sur l'accusé de réception ;
- En cas de renonciation partielle, inscrire la renonciation sur le registre ;
- Faire publier l'avis de reconnaissance dans le journal officiel ;
- Afficher une copie de cet avis pendant une période de trente jours au ministre chargé des mines.

### Sous-section II : Les effets de la renonciation

**49-** En cas de renonciation totale, le conservateur délivre main levée de caution, le cas échéant à l'ancien titulaire du titre minier, déduction faite des sommes dues, s'il y a lieu notamment :

- Tous droits redevances, indemnités, pénalités, loyers ou toutes sommes d'argent exigibles à la date de renonciation ;
- Toute dépense engagée par l'administration chargée des mines en lieu et place du titulaire en exécution de ses obligations.

**50-** La renonciation, qu'elle soit totale ou partielle entraine la perte totale ou partielle des droits conférés par le titre minier à compter de la date d'enregistrement. Cependant le titulaire du titre minier, objet de la renonciation demeure tenu de tout engagement en résultant.

**51**- En l'absence de précisions de textes, la question relative au sort de la mine doit être réglée par référence aux principes généraux de notre droit minier. La renonciation met par une fiction juridique, fin à tous les droits du titulaire du titre sur la mine, qui sont réputés n'avoir jamais existé. La mine revient donc dans son état antérieur, c'est-à-dire qu'elle disparait, pour redevenir selon la distinction que nous avons opérée, un simple gisement. Or celui-ci appartient à l'Etat, on peut donc dire qu'il lui fait retour. S'agissant du sort des installations, c'est par application du droit commun que doit être déterminé le propriétaire. Le renonçant en demeure propriétaire de même que les produits extraits. Même si elles sont indispensables à l'exploitation, l'Etat s'il décide de reprendre celle-ci à son compte ne saurait les retenir que par voie d'acquisition amiable. Dans le cas contraire un règlement de comptes devrait intervenir entre l'ex-permissionnaire et l'exploitant ultérieur, ou le cas échéant avec le propriétaire du sol sur lequel ces installations prennent assise. Celui-ci en effet peut exiger qu'on lui rende son terrain dans son état originaire[1]. Ce qui n'est pas tout à fait le cas lorsqu'il s'agit du retrait du titre ou de l'autorisation.

## Section II - Le retrait

**52-** Tout titre minier peut être retiré par l'autorité qui l'a délivré en cas de violation d'une disposition de la loi ou en cas de manquement par le titulaire à ses obligations. Avant toute décision de retrait, l'Administration chargée des mines met en demeure le titulaire de remédier au manquement signalé dans un délai de soixante jours francs compté à partir de la date de notification de la mise en demeure. Si le titre minier, objet d'une convention minière est retiré définitivement, la convention y afférente devient caduque. On analysera successivement les causes et la procédure du retrait des titres miniers.

### Sous-section I - Les causes du retrait

**53-** Tout titre minier peut être retiré par l'autorité qui l'a délivré en cas de violation d'une disposition de la loi ou en cas de manquement par le titulaire à ses obligations. Ex : inobservation des règles relatives à la gestion et la sauvegarde de l'environnement. Avant toute décision de retrait, l'administration chargée des mines met en demeure le titulaire de remédier au manquement signalé dans un délai de 60 jours francs à partir de la date de notification de la mise en demeure. Le retrait est prononcé dans les situations suivantes :

- L'activité de mise en exploitation ou d'exploitation est retardée ou suspendue pendant plus de trois mois ;
- La cession ou transmission non autorisée ;
- Le non-paiement des droits et taxes ;

[1] Article 555 du Code civil.

- La non réalisation des dépenses minimales annuelles prévues par la réglementation minière ;
- Le manquement aux obligations ayant trait à l'étude ou à la notice d'impact sur l'environnement et à l'enquête publique ;
- Le non-respect du programme des travaux.

**Sous-section II : La procédure et les effets du retrait.**

**54-** La décision portant retrait du titre minier obéit à une procédure particulière, de même qu'elle emporte des effets non négligeables. En effet, tout titre minier doit :

- Être inscrit dans le registre par le conservateur ;
- Être publié au journal officiel par le conservateur ;
- Être affiché au tableau prévu à cet effet par le ministre chargé des mines pendant trente jours francs ;
- Être notifié à l'ancien titulaire.

Le cas échéant, le conservateur délivre une main levée de caution, à l'ancien titulaire du titre minier, déduction faite des sommes dues s'il y a lieu notamment :

- Tous droits, redevances, indemnités, pénalités, loyers ou toute somme d'argent exigible à la date d'expiration ;
- Toute dépense engagée par l'administration chargée des mines en lieu et place du titulaire en exécution des obligations. L'expiration de la demande validée entraine la perte des droits conférés par le titre minier à compter de la date d'expiration. Cependant le titulaire du titre minier caduque demeure tenu de tout engagement en résultant.

## CHAPITRE III : LES TRANSACTIONS PORTANT SUR LES TITRES MINIERS.

**55**- Tout droit portant sur un titre minier, peut donner lieu à toute forme de transaction. Le Code minier prévoit notamment : l'amodiation, la cession, le nantissement, le gage et même la saisie. Cependant toute transaction directe ou indirecte sur un titre minier est soumise à l'approbation préalable du Ministre des mines. L'acte d'amodiation, de gage, de nantissement, de cession, de transmission, ou d'hypothèque doit être porté au registre du cadastre minier. Au moment de l'inscription, un nouveau permis est établi, et les droits et obligations attachés au permis initial sont transférés au nouveau titulaire. Cette transaction ne concerne pas tous les actes **(Section I)** et s'exerce selon des modalités particulières **(Section II**).

### Section I : Le domaine des transactions dans le Code minier

**56**- Peuvent faire l'objet des transactions au sens du Code minier[1], tous les titres miniers à l'exclusion de l'autorisation d'exploitation artisanale ou artisanale semi-mécanisée, laquelle est une autorisation qui est personnelle, incessible, intransmissible, incessible, non amodiable. De même que le permis de reconnaissance qui est un acte personnel, incessible, non amodiable, intransmissible.

**57**- Par contre, le permis de recherche, est cessible, transmissible, amodiable, et susceptible de gage. De même, le permis d'exploitation de la petite mine crée au profit du titulaire un droit réel mobilier sur la substance et un droit réel immobilier à l'intérieur du périmètre pendant

---

[1] Article 101 Code minier 2001.

la durée du permis. Ces droits sont amodiables et respectivement susceptibles de gage et d'hypothèque. C'est aussi le cas du permis d'exploitation de la mine industrielle qui crée au profit de son titulaire un droit réel immobilier à l'intérieur du périmètre pendant la durée du permis. Ces droits sont amodiables et respectivement susceptibles de gage et d'hypothèque.

**58**- Le permis d'exploitation de la petite mine et le permis d'exploitation de la mine industrielle, peuvent faire l'objet d'un apport en société. En cas de cession, le cessionnaire et le cédant d'un droit minier requièrent l'avis des Administrations compétentes.

**59**- A l'exclusion des opérations ordinaires en bourse, toute transaction directe ou indirecte sur un titre minier est soumise à un prélèvement sur la plus-value réalisée. Le taux de prélèvement sur la plus-value réalisée est fixé à dix pour cent, et le montant de ce prélèvement est calculé selon la formule suivante :

- Permis de recherche : montant brut de la cession- les dépenses directes liées à la recherche effectuée par le titulaire x taux (10 pour cent)
- Permis d'exploitation : suivant les modalités de droit commun prévues dans le Code général des Impôts.

**60**- Les dépenses et transactions sur les titres miniers doivent être auditées et validées suivant le principe de la pleine concurrence effective, à des prix de référence et à des prix du marché lorsqu'ils existent. Le bénéficiaire de la transaction et le titulaire du titre minier sont solidairement responsables du paiement du prélèvement sur la plus-value réalisée

**Section II : les modalités d'exercice des transactions**

**61**- Le mécanisme d'exercice de la transaction débute par une demande écrite. Elle est adressée au Ministre des mines, déposée auprès du conservateur minier. A cette demande, sont joints les documents suivants :

- S'il s'agit d'une personne physique, son adresse et sa nationalité, la preuve de son identité ;
- S'il s'agit d'une personne morale, les statuts de la personne morale, le dernier rapport annuel, ou à défaut un état bancaire des biens financiers, la liste des membres du conseil d'administration, la liste des personnes habilitées à signer au nom de la société, leur nationalité et leurs adresses respectives.

**62**- Lorsque les renseignements concernant la transaction ont été fournis lors d'une précédente demande, aucun autre renseignement n'est requis. Tout titulaire d'un titre minier, d'une autorisation, d'un permis doit informer dans un délai n'excédant pas trente jours, le Ministre chargé des mines de toute modification se rapportant à ses statuts, à la structure du capital social ou aux personnes physiques ou morales. De même, toute personne qui sollicite l'approbation d'une transaction doit fournir les renseignements sur son identité.

**63**- Toute transaction sur un titre minier est au préalable porté à la connaissance du Ministre chargé des mines qui dispose d'un délai de quarante-cinq jours pour marquer son approbation à cette transaction, et le cas échéant, pour exercer le droit de préemption de l'Etat. L'acte de cession ou d'amodiation, de transmission, de gage, ou d'hypothèque, doit être porté au registre du cadastre minier. Au moment de l'inscription un nouveau permis est établi et les droits et obligations attachés au permis initial sont transférés au nouveau titulaire. La transaction est de droit lorsque le titulaire a satisfait aux obligations lui incombant et a présenté une demande conforme. Toute transaction est soumise au paiement d'un bonus progressif.

**64-** A l' exclusion des opérations ordinaires de bourses, toute transaction directe ou indirecte sur un titre minier est soumise à un prélèvement sur la plus-value réalisée. Le taux de prélèvement est réalisé à dix pour cent, et toute transaction sur un titre minier est soumise au paiement d'un bonus progressif défini par arrêté du Premier ministre sur proposition du Ministre en charge des mines.

**65-** Lorsqu'il s'agit de deux titres miniers de même type, ils peuvent faire l'objet d'une consolidation en un ou plusieurs titres de ce même type. La consolidation est la réunion des autorisations minières ou des titres miniers existants de même type en un seul ou plusieurs autorisations ou titres de ce type[1]. La demande de consolidation est adressée au Ministre chargé des mines. Elle doit être présentée en triple exemplaires dont l'original est timbré au tarif en vigueur sur son formulaire fourni par l'administration chargé des mines. A ce formulaire sont joints un plan indiquant les coins et les limites consolidés en latitude et en longitude et un plan sommaire montrant les limites du périmètre consolidé et tous autres repères naturels qui permettent de localiser le périmètre consolidé. La demande doit être accompagnée d'un programme de travail ou, le cas échéant, des propositions portant sur le titre minier consolidé.

**66-** La durée de validité d'un titre minier consolidé soit : la durée non expirée, si les durées des titres existants au moment de l'attribution du titre consolidé sont les mêmes. La plus courte des durées non expirées si les durées non expirées au moment de l'attribution du titre consolidé ne sont pas les mêmes.

**67-** La superficie du titre minier consolidé ne doit pas excéder la superficie maximale prévue dans la loi pour

---

[1] Article 4 du Code minier 2016.

le type de titre minier considéré. Tout droit sur les titres miniers entrant dans la consolidation est transféré sur le titre minier consolidé. Si un titre minier existant est consolidé, son titulaire demeure tenu des obligations antérieures à la consolidation, notamment le cas échéant, celles de type : tous les loyers, droits, redevances, pénalités ou autres sommes d'argent exigibles ; de supporter toute obligation requise pour tous actes accomplis ou faute commise.

# TITRE II : LES OBLIGATIONS DU TITULAIRE DU TITRE MINIER OU DE L'AUTORISATION

**68-** Le titre minier ou l'autorisation fait naitre à l'égard de l'exploitant des prérogatives encore appelées droits miniers, lesquels varient en fonction de la nature de l'acte attribué par l'Etat et surtout, qui dépendent du type d'activité minière[1] conduite. En contrepartie de ces privilèges, l'exploitant est tenu d'observer certaines règles qui peuvent être regroupées en deux catégories : les règles générales liées à protection de l'intérêt général (**Chapitre I**), les obligations visant la protection des intérêts privés (**Chapitre II**), d'autre types d'obligations (**Chapitre III).** Ces différentes règles s'imposent à tous les exploitants miniers, et peuvent donner lieu à des sanctions en cas d'inobservation (**Chapitre IV).**

[1] Le Code minier dans sa version 2016 distingue plusieurs types d'opérations minières : l'opération minière industrielle, semi-industrielle, artisanale, artisanale semi - mécanisée.

# CHAPITRE I : LES OBLIGATIONS VISANT LA PROTECTION DE L'INTÉRÊT GÉNÉRAL : LA CONSÉCRATION DES MÉCANISMES DE PRÉSERVATION DE L'ENVIRONNEMENT

**69-** Une analyse objective du Code minier de 1964 révèle que ce dernier n'était pas de nature à encourager l'activité minière. En effet, ce texte ne contenait que 47 articles donc, insuffisants pour pouvoir embrasser de manière détaillée, tous les domaines importants. Une réforme s'imposait par conséquent. Et au titre de celle-ci, des domaines nouveaux ont vu le jour. Dans la corbeille des dispositions nouvelles, un volet important a été consacré à la protection des communautés, quasiment insignifiante dans la loi fédérale de 1964[1]. Cela se justifie dans la mesure où les mines et les carrières peuvent constituer des atteintes graves au sol et sous-sol. Les travaux de recherche et d'exploitation sont souvent à l'origine de diverses pollutions par d'anciens dépôts de déchets ou d'infiltration de substances polluantes et constituantes, un risque pour l'environnement et pour les personnes.

**70-** La convention sur la responsabilité civile pour les dommages résultant d'activités dangereuses pour l'environnement[2] stipule que, la notion de l'environnement comprend les ressources naturelles abiotiques et biotiques, telles que l'air, l'eau, le sol, la nature et la flore, et l'interaction entre les mêmes facteurs ; les biens qui composent l'héritage culturel ; les aspects caractéristiques du paysage. De façon combinée, on

---

[1] En garantissant ainsi les droits des communautés, le législateur minier camerounais s'inscrit dans le sillage des législations modernes, lesquelles établissent une réelle balance entre les différents acteurs impliqués dans le processus de l'activité minière.

[2] Convention Lugano, 21 juin 1993.

pourrait voir avec la Professeur Kamto, un « *milieu, l'ensemble de la nature et des ressources y compris le patrimoine culturel et des ressources humaines indispensables pour les activités socio-économiques et pour le meilleur cadre de vie* »[1]. Par rapport à la place essentielle qu'il occupe dans la vie des êtres humains, sa gestion et sa préservation sont d'intérêt général. En effet d'après la loi-cadre, l'environnement constitue un patrimoine commun de la nature[2]. A ce titre, « *sa protection et la gestion rationnelle de ses ressources (...) sont d'intérêt général* »[3]. Si cette loi a le mérite d'ériger la protection de l'environnement en finalité d'intérêt général, elle ne décrit cependant pas de manière détaillée, les différents procédés de protection. Elle pose un principe général dont la spécification est l'œuvre des textes spéciaux. C'est dans ce sens que le législateur minier a institué des mécanismes de gestion de l'environnement dans le cadre de l'activité minière.

**71**- La consécration de ces mécanismes constitue une innovation majeure. Par le passé, la protection de l'environnement n'était même pas évoquée par le Code minier de 1964. Et pourtant, il ne fait l'ombre d'aucun doute que l'exploitation minière génère des conséquences néfastes sur l'environnement. En effet, les opérations minières drainent des moyens d'excavation colossaux. Aussi, elles sont susceptibles d'entrainer le changement des comportements des populations, la disparition ou la diminution d'espèces de peuplement forestier et faunique, ainsi que la pollution des sources d'eau. Aujourd'hui, cette lacune a été comblée. Il s'agissait pour le législateur

---

1 Kamto (M.), Droit de l'environnement en Afrique, EDICEF 1996, p. 16.

2 Article 1 de la loi-cadre n° 96/12 aout 1996.

3 Article 2 de la loi-cadre précitée.

minier de s'arrimer à la politique générale de gestion et de préservation de l'environnement, impulsée par l'Etat. En effet, selon la loi cadre relative à la gestion de l'environnement, l'environnement est un patrimoine de la nation[1]. A ce titre, « sa *protection et la gestion rationnelle des ressources (...) sont d'intérêt général* »[2]. Toutes choses qui justifient la consécration des mécanismes de gestion et de préservation de l'environnement dans le Code minier actuel. Ainsi, la loi oblige toute personne devant conduire ou entreprendre des opérations minières à se conformer à la réglementation en vigueur relative à la protection de l'environnement, pendant l'exploitation des mines ou des carrières (**Section I**), et à la cessation des droits miniers (**Section II**).

### Section I : La préservation et la gestion de l'environnement pendant l'activité minière

**72**- Outre les règles générales contenues dans la loi-cadre, le législateur fait obligation à l'exploitant de mines d'observer un certain nombre de règles visant à prévenir et à anticiper sur des éventuelles dégradations de l'environnement[3]. Les règles de prévention se déclinent sous la forme d'une étude d'impact environnemental. Celle-ci fit son apparition à la fin des années 60 en Amérique du Nord sous l'appellation *d'impact assessment*. Son intégration au sein des pays en voie de développement ne s'est faite que dans les années 1980. Au

---

[1] Article 1 de la loi cadre n°96/12 du 05 aout 1996, relative à la gestion de l'environnement.

[2] Article 2 de la même loi.

[3] Akono Minlo (R.), La protection juridique des communautés dans la législation minière applicable au Cameroun : entre réalités et incertitudes, Cahiers Juridiques et Politiques, Université de Ngaoundéré, 20016, p. 3.

Cameroun, sa consécration résulte de la loi-cadre[1]. Selon la loi[2], à l'exception de l'autorisation d'exploitation artisanale ; du permis de recherche, et de l'autorisation d'exploitation des carrières artisanales à des fins domestiques, l'octroi des titres miniers, des autorisations, et permis d'exploitation des carrières est subordonné à la conduite préalable d'une étude d'impact environnemental et social, à la production d'une étude de dangers et des risques, à la fourniture d'un plan de gestion environnemental[3].

**73-** Techniquement, l'étude d'impact environnemental et social peut être considérée comme une procédure d'évaluation d'un projet. C'est un procédé préventif des risques dans le but d'apprécier les conséquences. Elle doit se faire pour cela a priori, c'est-à-dire avant le début des opérations minières, pour éviter une dégradation irréversible de l'environnement. Elle se justifie dans la mesure où les atteintes portées à l'environnement, par effet cumulatif induisent, causent souvent des dommages tellement graves qu'ils ne peuvent faire l'objet d'une réparation équitable[4].

**74-** Cependant, l'étude d'impact environnemental ne doit pas être confondue avec l'audit d'environnement et de la mini-notice d'impact. En effet, l'audit a pour but d'apprécier à un moment donné, tandis que la mini-notice est le premier degré de prise en compte de l'environnement dans les procédures administratives.

---

[1] Article1 7.

[2] Article 135 al.2. Code minier 2016.

[3] la restauration, la réhabilitation, et la fermeture des sites miniers et de carrières, incombent cependant à chaque opérateur minier, article 136 alinéa 1 du Code minier de 2016.

[4] Morand - Devillier (J.), Droit de l'environnement, 6ème édition, Paris, PUF 2003, p. 11.

**75**- Concrètement, elle permet à l'exploitant d'évaluer les incidences directes et indirectes d'un projet sur l'équilibre sociologique de la zone d'implantation ou de toute la région, le cadre et la qualité de vie des populations, et des incidences sur l'environnement en général. L'exploitant de mines doit donc indiquer un ensemble de mesures relatives à la prévention ou à la minimisation de tout déversement dans la nature, à la protection de la faune et de la flore, à la promotion ou au maintien de la bonne santé générale des populations, à la diminution des déchets dans la mesure du possible et à la disposition des déchets non recyclés d'une façon adéquate pour l'environnement. De manière globale donc, ces mesures devraient laisser transparaitre une analyse de l'état initial du site et de son environnement, une analyse des effets directs ou indirects sur l'environnement. En conséquence, les titulaires des permis ou autorisations sont responsables des dommages causés à l'environnement qui ne sont pas préalablement inscrits dans leur plan d'environnement approuvé par l'Etat.

**76**- Quant aux mesures d'anticipation, au même titre que les mesures de prévention, elles visent à protéger les communautés contre les dégradations de l'environnement pendant les opérations minières. Elles prennent corps sur la forme d'un plan de gestion de l'environnement. En effet, la planification de la gestion de l'environnement est une mesure de protection des communautés dans la mesure où une gestion efficace de l'environnement passe par un minimum de prévisions et d'anticipations. D'où la nécessité d'une planification environnementale[1].

---

[1] Kamto (M), op.cit. p. 83.

## Section II : La gestion de l'environnement à l'expiration du titre minier

**77-** En général, lorsque l'exploitation minière cesse[1], les installations minières et le site sont réhabilités et fermés. Lors de la fermeture du site, il subsiste parfois des nuisances plus ou moins importantes. L'exploitant à l'origine des séquelles a l'obligation de mettre en œuvre les moyens nécessaires pour faire cesser et réduire les nuisances[2]. Les mines qui sont célèbres pour leurs immenses impacts sur l'environnement, ont le plus souvent produit ces impacts, uniquement durant la phase de fermeture, lorsque les opérations minières avaient cessé. Ces impacts peuvent persister pendant des décennies ou des siècles. Par conséquent pour chaque projet minier, l'exploitant doit proposer un plan de réhabilitation et de fermeture. L'objectif de la réhabilitation et de fermeture d'un site minier doit toujours viser à retourner le site à une condition qui ressemble le plus possible à celle d'avant l'exploitation. La réhabilitation doit décrire dans les détails, les méthodes utilisées par l'exploitant pour la restauration du site, comment il empêchera la libération des contaminants toxiques provenant de diverses installations minières[3], et comment les fonds seront mis de côté pour s'assurer que les frais de réhabilitation et de fermeture seront payés à cet effet.

---

[1] Au Cameroun, l'exploitation minière prend fin à l'expiration, en cas d'abandon, de retrait ou de renonciation du titre minier ou de l'autorisation.

[2] Malingrey (P), Introduction au droit de l'environnement, 3ème édition, Lavoisier 2007, p. 310.

[3] Comme des puits à ciel ouvert abandonnés et de bassins de décantation des résidus.

**78-** Dans le Code minier[1], la réhabilitation du site est une obligation qui pèse sur l'exploitant[2]. Lorsqu'un titre expire, fait l'objet d'un abandon, d'un retrait, ou d'une renonciation, le titulaire dans la période prescrite doit enlever toute usine se trouvant sur le terrain objet du titre. Concrètement dans le Code minier, la réhabilitation consiste à enlever toute usine[3] d'exploitation se trouvant sur le terrain, objet du titre minier[4]. Cependant, lorsque l'exploitant minier n'a pas enlevé l'usine, le Ministre chargé des mines peut prendre des dispositions pour que l'usine d'exploitation soit vendue soit aux enchères publiques, soit par appel d'offre public, et enlevée[5]. Outre l'obligation d'enlever l'usine, l'opérateur minier doit également enlever ou achever le traitement des résidus, autres matières ou minerais extraits. Ces matières deviennent cependant propriété de l'Etat, si l'opérateur ne s'exécute pas, et si à l'extinction d'un titre minier, le titulaire ne parvient pas dans les délais prescrits[6] à enlever ou acheminer le traitement des résidus, autres matières ou minerais extraits, ils deviennent à l'expiration de la période prescrite, biens de l'Etat[7].

**79-** Les opérations de remise en état du site doivent être précédées par une déclaration de l'opérateur minier à l'administration, visant à l'informer de la cessation des

[1] Article 85 et s. du Code minier.

[2] Afin de garantir l'exécution de cette obligation, la loi en son article 86, oblige l'exploitant à ouvrir un compte de réhabilitation de l'environnement.

[3] L'usine est l'ensemble des bâtiments, installations, usines, appareils, équipements, outils ou autres bâtiments de toute nature fixés ou non sur la terre, article 2 du Code minier.

[4] Article 88 du Code minier.

[5] Il faut signaler que les produits d'une telle vente sont versés au Trésor public.

[6] Voir décret.

[7] Article 88 alinéa 3.

travaux sur le site, objet du titre ou de l'autorisation. Dans tous les cas la déclaration de l'opérateur minier concerne seulement une installation lorsqu'elle cesse d'être exploitée. Cependant il peut ne pas avoir de mesures techniques envisageables permettant de prévenir certains troubles tels les mouvements de terrains, les risques d'inondation ou les risques d'accumulation de gaz dans le sous-sol. Il revient donc à l'opérateur minier d'évaluer les risques susceptibles de mettre en cause la sécurité des biens et des personnes[1]. A la suite de la déclaration de l'opérateur minier, l'administration compétente devrait lui permettre, par le biais d'un arrêté de faire sortir le site de la catégorie de sites miniers. Cet arrêté contient les prescriptions relatives à la remise en état du site. Son contenu est susceptible d'être modifié comme l'atteste le Conseil d'Etat à propos d'une espèce.[2] Cette sortie devrait aussi en principe mettre fin aux pouvoirs de surveillance et d'inspection de l'administration.

---

[1] Malingrey (P), Introduction au droit de l'environnement, 3ème édition, Lavoisier 20017, p. 310.
[2] CE, 8 octobre 2012, inédit.

## CHAPITRE II : LES OBLIGATIONS VISANT LA PROTECTION DES INTÉRÊTS PRIVÉS.

**80**- La loi a garanti la protection des intérêts privés à travers la reconnaissance du droit à indemnisation aux communautés du fait de l'occupation des terrains par l'opérateur minier d'une part **(Section I)**, la réparation des dégâts causés par les travaux d'exploitation (**Section II**) et par le maintien en faveur de ces dernières, de certaines prérogatives sur les parcelles de terrains attribuées en jouissance à l'exploitant minier (**Section III**).

### Section I- L'obligation d'indemniser les propriétaires des sols ou des détenteurs fonciers coutumiers ou d'occupation du fait de l'occupation du sol

**81**- Le droit pour un projet minier ou d'infrastructures publiques de disposer des terrains nécessaires à la réalisation des projets est réglementé dans la plupart des pays d'Afrique de tradition civiliste[1]. Au Cameroun, « *l'entrée en vigueur de la convention minière ouvre droit en faveur de l'opérateur minier, à l'attribution en jouissance par l'Etat des terrains nécessaires à l'exploitation des ressources minérales découvertes* »[2]. Cette attribution se fait en contrepartie d'une indemnisation accordée aux populations. Les modalités de cette indemnisation varient selon que les travaux ont été déclarés d'utilité publique (**Sous-section I**) ou non (**Sous-section II**).

---

[1] Frilet (M), Les investissements étrangers dans les infrastructures publiques et le secteur minier : Relever le défi dans les pays africains de droit civil-les clés de la réussite, Revue congolaise de droit des affaires-janvier 2012, p. 10.

[2] Article 64 du Code minier 2001.

**Sous-section I : l'indemnisation des populations lorsque l'activité est déclarée d'utilité publique**

**82**- Les propriétaires fonciers, les occupants du sol, les ayant droits et les usufruitiers, victimes d'expropriation pour cause d'utilité publique[1], dans le cadre d'une exploitation de la mine industrielle et de la carrière d'intérêt public, ont droit à une indemnisation pour les pertes subies et les droits lésés[2]. L'indemnisation porte sur le préjudice direct et couvre selon les cas, les terres, les cultures les constructions, et toutes autres mises en valeur, qu'elle qu'en soit la nature. S'agissant des riverains d'une exploitation de petite mine, ils ont droit à une compensation dont le montant est prélevé sur la taxe ad valorem. Lorsqu'il s'agit d'une carrière, les riverains bénéficient d'une compensation sur la taxe à l'extraction des produits de carrières.

**83**- Quant aux modalités d'indemnisation, elles sont prévues par le droit commun, notamment par la loi n0 85-09 du 04 juillet 1985 relative à l'expropriation d'utilité publique et aux modalités d'indemnisation. Ainsi au terme de ce texte, les indemnités dues pour expropriation sont à la charge de la personne morale bénéficiaire de cette mesure[3]. Cependant on doit préciser que dans le cadre d'une exploitation minière, l'opérateur minier peut-être une personne physique, par conséquent, c'est à cette dernière qu'il reviendra la charge d'indemniser les populations affectées par son activité. Les modalités de

---

[1] L'exploitation est déclarée d'utilité publique par le Ministre chargé des domaines. Seulement l'arrêté de déclaration d'utilité publique du Ministre des mines ne confère pas un caractère de service public aux travaux à effectuer.

[2] Article 116 Code minier de 2016.

[3] Article 6 Code 2001.

cette indemnisation sont de la compétence du droit commun. Mais souvent se pose le crucial problème de l'indemnisation effective des populations quand on sait qu'au Cameroun, c'est le principe de l'unicité des caisses. Alors on est en droit de se demander à quelle date les populations sont réputées avoir été indemnisées ? Est-ce à partir du moment où l'argent est déposé au trésor public par l'opérateur minier, ou à partir du moment où le bénéficiaire reçoit paiement de l'Etat ? La loi n'apporte malheureusement pas de réponse à ce sujet. A notre avis nous pensons que l'occupation du sol doit se faire après réception du paiement par les propriétaires ou détenteurs fonciers coutumiers ou d'occupation. Cette solution permettra sans doute d'éviter d'éventuels conflits.

#### Sous-section II : L'indemnité d'occupation du fait des travaux non déclarés d'utilité publique

**84**- Le propriétaire du sol ou le détenteur des droits fonciers coutumiers ou d'occupation a droit à une indemnité pour l'occupation de son sol par le titulaire d'un titre minier[1] ou d'une autorisation. En effet, lorsque les travaux ne sont pas d'utilité publique, les propriétaires du sol, les détenteurs des droits fonciers coutumiers et d'occupation[2] bénéficient d'une indemnité d'occupation. Celle-ci est octroyée par l'exploitant minier. L'octroi de cette indemnité se justifie dans la mesure où l'occupation du sol par le titulaire du permis ou de l'autorisation d'exploitation artisanale prive ces derniers de l'exercice

[1]Article 73alinéa 1 du Code minier Code 2001.

[2] Les droits fonciers coutumiers sont reconnus aux collectivités coutumières ou de leurs membres qui occupent le terrain ou qui l'exploitent au sens de l'ordonnance n°74 du 16 juillet 1974 fixant régime foncier.

normal des droits sur le sol. Il est donc normal qu'ils reçoivent une indemnité en réparation de ce préjudice.

**85-** L'indemnité d'occupation est un préalable à l'occupation des parcelles attribuées en jouissance à l'exploitant par l'Etat[1]. Elle désigne la somme que le propriétaire d'un immeuble peut réclamer à un occupant sans droit ni titre[2]. On en distingue deux types à savoir : l'indemnité d'occupation compensatoire, et l'indemnité d'occupation indemnitaire. Ces deux formes servent à rémunérer la jouissance privative des lieux et à réparer le préjudice subi par le propriétaire, privé du droit de disposer de son bien. Puisqu'elle concerne la privation de jouissance d'un terrain supposé nu, tant que l'occupation effective n'a pas eu lieu, le propriétaire n'a droit à aucune indemnité et peut encore jouir de son terrain. Il ne commettrait aucune faute de ce fait, mais des travaux seraient effectués à ses risques et périls. Aucune indemnité ne devait lui être due pour dépréciation de ses ouvrages ou destruction de ses cultures. Par contre du côté de l'investisseur, l'occupation effectuée sans paiement constituerait une voie de fait susceptible d'engager la responsabilité de son auteur à raison des dommages qu'elle pourrait provoquer. En France, la Cour de cassation a jugé que dans ce cas, l'occupation ouvrait droit au bénéfice de l'indemnité au double pour privation de jouissance[3]. On n'aurait par contre aucune difficulté à admettre le bénéfice de l'indemnisation au double si l'occupation était simplement irrégulière pour vice de

---

[1] Il est conclu une convention minière entre l'Etat et l'investisseur. Cette convention ouvre droit en faveur de ce dernier à la jouissance des terrains nécessaires à l'exploitation des substances minérales. Seulement, l'investisseur ne peut prendre possession des parcelles à exploiter que moyennant une indemnité d'occupation.

[2] Cass. 3ème civ., 23 juin 2016, n° 15-11440, FS-PB.

[3] Req. 27 juin 1905, Cie du Mokta-el-hadid, ann. Mines 1905-320.

forme.[1] De manière générale, l'occupant sera tenu en outre de réparer tous les dommages résultant de son activité, et notamment la dépréciation des terrains, conformément au droit commun[2]. De même, le propriétaire du sol peut bénéficier de l'indemnité d'occupation du fait de la privation de l'utilisation ou de la possession de la surface de la terre, du dommage causé à la surface naturelle de la terre du dommage résultant de la séparation de la terre ou d'une partie de celle-ci des autres possédés par les propriétaires ou les détenteurs fonciers coutumiers ou d'occupation, de la perte ou le dommage causé aux améliorations, l'interruption des activités agricoles du terrain.

**86**- S'agissant du quantum de l'indemnité, il n'a pas été expressément fixé par le législateur. Il résulte d'un accord entre l'exploitant minier et le bénéficiaire de l'indemnité. Cependant, les contestations qu'elle peut soulever sont de la compétence de l'administration des domaines, ou d'un arbitre[3]. A défaut d'un compromis, son calcul devra se faire selon le principe de la réparation intégrale. En droit comparé, la jurisprudence considère que le produit net à prendre en considération pour le calcul de l'indemnité ne consiste pas seulement dans la valeur locative brute ou abstraite de la terre nue, c'est-à-dire du loyer que retirerait le propriétaire s'il la louait[4]. Lorsqu'il s'agit d'une plantation, on évalue le produit brut, compte tenu des prix des produits agricoles et du rendement à l'hectare. Le produit net à considérer est celui du terrain avant l'occupation[5].

---

[1] Montpellier, 9 février 1882.
[2] Cass. 5 février 1924.
[3] Article 77 alinéa 3 du Code minier 2001.
[4] Douai 24 décembre 1907 ; Req. 29 décembre 1909.
[5] Req. 26 novembre 1902, S 1903-1-83 ; 18 janvier1908, S.1909-1-205, D. 1911-16183

**87**- On peut cependant se demander si l'indemnité doit être réduite lorsque l'occupation n'a lieu qu'une partie de l'année. L'indemnité d'occupation est due personnellement par l'exploitant ou par son ayant droit jusqu'à échéance, expiration du titre minier. Si le terrain a été loué, le propriétaire doit garantir son locataire contre les troubles de jouissance dont il peut être victime. L'agriculteur peut évidemment et dans les conditions du droit commun, s'adresser directement à celui-ci pour lui réclamer réparation des autres préjudices que son activité a pu lui causer. Il en irait de même pour les titulaires des droits d'usage et des servitudes qui seraient résolus du fait de l'occupation s'ils étaient en contrariété avec la nouvelle destination du terrain[1]. Si le terrain était grevé d'usufruit, c'est l'usufruitier qui pourrait réclamer l'indemnité d'occupation, au lieu et place du propriétaire conformément au droit commun[2].

## Section II – La réparation des dommages causés par les travaux d'exploitation.

**88**- Même si aucun texte ne le mentionne, on devrait admettre la réparation des dommages[3] causés par l'entreprise minière à la surface. En effet, le droit commun de la responsabilité civile s'applique alors et les tiers qui subiraient un préjudice pourraient prétendre à indemnisation, à condition de prouver une faute à

---

[1] En droit comparé, Douai 12 mai 1857.

[2] Article 378 du Code civil.

[3] Le terme dommage peut être appréhendé comme toute atteinte physique ou matérielle. Dans le cadre de cette étude, il s'agit des atteintes matérielles, lesquelles s'entendent de la destruction ou de la détérioration des biens des propriétaires fonciers ou des détenteurs fonciers coutumiers ou d'occupation.

l'encontre de l'exploitant ainsi que la lésion d'un droit[1]. Ces dommages doivent donc être réparés dès qu'il est établi qu'ils résultent des travaux de recherches ou d'exploitation, sans qu'il soit besoin de prouver l'existence d'une faute. C'est une application du principe de la responsabilité pour risque, que par dérogation à l'article 1382 du Code civil, la jurisprudence en droit comparé a longtemps consacré en l'absence des textes précis, mais conformément à l'interprétation qu'elle donnait de l'esprit de la loi[2]. Il suffit qu'il y ait une relation de cause à effet entre les travaux et le dommage pour qu'il y ait lieu à une indemnité, et que les installations soient à l'intérieur ou en dehors du périmètre du titre, et qu'elles soient antérieures ou postérieures à sa délivrance. L'indemnité due par application de ce principe se calcule selon les règles de droit commun[3].

**89**- En France, il a été admis que les tribunaux peuvent ordonner des réparations en nature, et l'exécution des travaux propres à éviter le retour du préjudice dans l'avenir, à condition que les prescriptions ainsi imposées ne soient pas en contrariété avec celles imposées par l'administration pour la sauvegarde des intérêts qui lui sont confiés[4]. La mauvaise foi du propriétaire qui voudrait bâtir sur des points où, par suite des travaux souterrains, il y a danger à le faire, peut atténuer son droit à réparation. Mais cette servitude non aedificandi en faveur de la mine ne pourrait se concevoir à l'encontre du propriétaire du sol

---

[1] Levy (D), Evolution et problèmes actuels du droit minier, Revue du droit public et de la science politique en France et à l'étranger, 1998, pp. 5 à 6.

[2] Req. 20 juillet 1842, D. 11842-1-396 ; 16 novembre 1882, D. 1853-1-183 ; 8 janvier 1869, D. 1870-1-147 ; 13 février 1930 D.1930-1-57

[3] Article 1149 Code civil.

[4] Civil 2 avril 1879, Cie des mines du lievin, D 1898-1-48.

moyennant indemnité[1]. Lorsque le dommage a été causé à une dépendance du domaine public, sa réparation s'effectue conformément aux mêmes principes généraux, mais elle peut se dédoubler bien entendu d'une contravention de voirie et d'une répression pénale.

**90-** Ce régime est particulièrement lourd pour l'exploitant qui ne peut s'exonérer de sa responsabilité en prouvant qu'il n'a pas commis de faute et particulièrement avantageux pour la victime qui n'a pas à démontrer la faute de l'exploitant. La loi prévoit cependant que l'exploitant peut s'exonérer de sa responsabilité en apportant la preuve d'une cause étrangère.

**91-** La deuxième chambre civile de la Cour de cassation, dans un arrêt du 23 novembre 1988, a ainsi considéré que la présomption de responsabilité ainsi instauré n'était pas écartée même en l'absence de toute faute dans la réalisation des travaux à condition que les dommages subis proviennent directement des travaux miniers correspondant[2]. La victime doit donc uniquement apporter la preuve de son dommage en lien avec l'exploitation minière.

**92-** Même si le Code minier ne le dit pas expressément, sont considérés comme responsables, l'explorateur, l'exploitant ou, à défaut, le titulaire du titre minier. On entend généralement par exploitant la personne qui a obtenu et exploité en vertu d'un titre minier valable. Il est important de ne pas confondre l'exploitant avec le propriétaire de la surface qui ne forme pas nécessairement une seule et unique personne. En droit comparé par exemple, notamment en France, l'institution d'une concession crée un droit immobilier distinct de la propriété

---

[1] Lyon 4 mai 1871, D.1871-1-2-1808.

[2] Rapport d'Arnaud Gossement, Droit minier et Droit de l'environnement.

de la surface et investit l'exploitant d'un statut légal fait de droits et d'obligations spécifiques[1]. Autrement dit, en pratique, c'est le titulaire du titre minier, et plus généralement le concessionnaire, qui encourra cette responsabilité objective. Cet exploitant au sens général du terme est visé par la loi comme le titulaire du titre minier.

**93**- Le champ d'application de la responsabilité de l'exploitant pourrait être élargi et ne saurait être limité, ni au périmètre du titre minier ni à sa durée de validité. Dès lors que le fait générateur d'un sinistre est lié à l'activité minière de l'exploitant, la responsabilité de ce dernier sera établie à raison de dommages, même apparus hors du périmètre de la mine, à la condition toutefois qu'il soit clairement établi un lien de causalité entre le fait générateur et le dommage. En ce qui concerne sa durée de validité, la deuxième chambre civile de la Cour de cassation, dans l'arrêt du 23 novembre 1988, a accueilli une action en recherche de responsabilité civile de l'exploitant et ce, plusieurs années après la fermeture de la mine. Toutefois, il serait maladroit de considérer qu'il s'agit d'une responsabilité illimitée. En effet, à défaut de prescription spéciale, la prescription de l'action en responsabilité de droit commun trouve à s'appliquer.

**94**- Concernant les dommages subis, le Code minier vise de manière générale, les dommages causés par l'activité de l'exploitant. Tous les dommages sont par conséquent indemnisables sur ce fondement qu'ils soient corporels ou incorporels. En France, le Code minier limite l'indemnisation des dommages immobiliers qui consiste en une remise en état de l'immeuble sinistré. Lorsque cette réparation est impossible en raison de l'ampleur des dégâts

[1] WertenSschlag (B), La responsabilité de l'exploitant pour dommages consécutifs à l'exploitation minière, La semaine juridique entreprise et affaires n°39, 28 septembre 2000.

subis par l'immeuble, l'indemnité versée au propriétaire doit lui permettre de recouvrer dans les meilleurs délais la propriété d'un immeuble de consistance et de confort équivalents.

**95**- Les travaux pourraient aussi causer des dégâts dans les propriétés voisines. Dans ce cas, l'opérateur minier est tenu d'indemniser, sur le fondement du droit commun de la responsabilité civile délictuelle. Il ne doit en ces cas qu'une indemnité correspondant à la valeur du préjudice causé. Dès lors que le fait générateur d'un sinistre est lié à l'activité minière de l'exploitant, la responsabilité de ce dernier sera établie à raison de dommages, même apparus hors du périmètre de la mine, à la condition toutefois qu'il soit clairement établi un lien de causalité entre le fait générateur et le dommage.

### Section III - Le maintien de certaines prérogatives des propriétaires des sols ou des détenteurs fonciers coutumiers sur les parcelles attribuées en jouissance.

**96** - Le simple passage du propriétaire du sol sur les parcelles de terrain n'ouvre pas droit à indemnisation si aucun dommage n'en résulte[1]. Il s'agit d'un droit de passage institué au profit du propriétaire du sol. C'est une véritable restriction que le législateur minier apporte au droit conféré aux titulaires des titres miniers. Cette servitude doit s'entendre et s'appliquer dans le sens des servitudes de l'article 637 du Code civil. Elle doit être réputée servitude légale comme découlant d'obligations imposées par la loi, suivant les termes de l'article 639 du Code civil. En dehors du droit de passage, le titulaire d'un titre minier ou de carrières ne peut empêcher le propriétaire du sol d'exploiter des matériaux divers sur son terrain, ni faire obstacle à l'intérieur du périmètre du titre

---

[1] Article 71 alinéa 2 du Code minier.

minier, à l'exécution des travaux d'utilité publique ou à l'exploitation des matériaux divers pour travaux. Ainsi, le propriétaire du sol peut obtenir de l'exploitant, des substances minières qu'il n'utilise pas en contrepartie d'une indemnité.

**97**- Enfin le propriétaire, ou l'occupant conserve son droit de culture sur les parcelles attribuées même si le Code ne le dit pas. Il en est de même du droit de cueillette, et de chasse reconnu aux collectivités coutumières sur les dépendances de la deuxième catégorie prévue à l'article 15 de l'ordonnance 74 fixant régime foncier. Seulement, lorsque le propriétaire foncier a empiété le fonds exploité, l'opérateur minier a droit au remboursement des dépenses faites par lui ou rendues inutiles par l'exécution des travaux divers.

## CHAPITRE III : LES OBLIGATIONS DE SÉCURITÉ, DE PAYER LES TAXES ET REDEVANCES, DE BONNE GOUVERNANCE : INNOVATIONS APPORTÉES PAR LE CODE MINIER DE 2016

**98-** Elles ne sont pas moins importantes. Elles concernent le respect des règles de sécurité et d'hygiène (**Section I)** le paiement des droits et redevances (**Section II**), l'obligation de bonne gouvernance (**Section III**) récemment introduites par le nouveau Code.

### Section I : Le respect des règles de sécurité et d'hygiène

**99-** Avant d'entreprendre des travaux de recherche ou d'exploitation, le titulaire d'un titre minier ou d'une autorisation doit au préalable élaborer un règlement relatif à la santé, sécurité et l'hygiène et à la prévention des risques professionnels pour les travaux envisagés, lequel est soumis à l'approbation conjointe des ministres des mines et du travail. L'opérateur minier doit informer l'administration des mines, de la santé, de la sécurité au travail de tout accident survenu dans un chantier, une mine, une carrière, ou dans leurs dépendances[1]. Lorsqu'il y a péril imminent, ou accident dans un chantier ou une exploitation, l'administration en charge des mines, les officiers de police judiciaire et les autres autorités compétentes prennent toutes les mesures nécessaires pour faire cesser le danger et en prévenir les suites. Et lorsque survient un accident dans une mine, ou une carrière ou dans leurs dépendances, ou en cas de danger identifié, le titulaire des droits miniers est tenu de prendre toutes les

[1] Article 133 alinéa 5 Code 2016.

mesures nécessaires pour circonscrire ou prévenir le sinistre.

### Section II : L'obligation de payer les taxes et redevances affectées à l'activité minière

**100-** Cette obligation fiscale comprend : le paiement des droits fixes, des redevances superficiaires, les taxes à l'extraction des carrières et la taxe ad valorem. Ces droits ne dispensent pas des titulaires des titres miniers, d'autorisation et de permis d'exploitation d'être soumis aux impôts et taxes et droits divers frappant toute activité industrielle ou commerciale. Les droits, redevances, taxes à l'extraction et taxe ad valorem sont recouvrés par le trésor public sur état de liquidation dressé sur la base des déclarations de l'exploitant. Ils sont payables en un seul versement contre remise d'une quittance délivrée par le Trésor public. Ces droits sont répartis en redevances superficiaires (**Sous-section I**) et proportionnelles (**Sous-section II**). Cependant des exonérations fiscales et douanières (**Sous-section III**) sont accordées, lesquelles s'appliquent à une liste minière précise (**Sous-section III**).

#### Sous-section I : Les redevances superficiaires

**101-** La redevance superficiaire[1] est une somme due annuellement par les titulaires des titres miniers, des autorisations et permis d'exploitation des carrières et des permis d'exploitation des eaux minérales en contrepartie de la superficie occupée par l'activité qu'ils exercent.

**102-** Toute demande d'attribution, de renouvellement, des titres miniers et autres transactions est subordonnée, sous peine d'irrecevabilité, au paiement des frais d'études et de recherches non remboursables, lors du

---

[1] Article 4 Code minier.

dépôt de la convention minière[1]. Les retraits des titres miniers et des autorisations et transactions à la conservation minière se font contre présentation d'une quittance attestant le paiement des droits fixes au Trésor public. Les actes concernés par ces dits droits sont : l'attribution du permis de reconnaissance, des autorisations et des permis d'exploitation des substances de carrières, l'attribution des autorisation d'exploitation artisanale et artisanale semi-mécanisée, du permis de reconnaissance, des permis de recherche et d'exploitation de la petite mine et de la mine industrielle ; l'établissement de la carte d'artisan minier, ou de collecteur ; l'autorisation de commercialisation, de fusion de substances minérales issues de l'exploitation artisanale, de l'exploitation artisanale semi-mécanisée et de l'exploitation industrielle ; de l'autorisation de l'ouverture des ateliers de fabrication en ouvrages en pierres précieuses ; l'établissement des certificats d'exportation de substances minérales issues de l'exploitation artisanale semi-mécanisée et de l'exploitation industrielle ; le permis d'exploitation des eaux de source, des eaux minérales et thermo-minérales ; l'autorisation de conditionnement des eaux de source, des eaux minérales et thermo-minérales ; le renouvellement de tous les titres miniers et autorisations susvisés.

**103**- Les titulaires des permis de recherche et d'exploitation, d'autorisation d'exploitation et permis d'exploitation des carrières artisanales commerciales, de carrières artisanales semi-mécanisées et industrielles, d'autorisations d'exploitation des eaux de source, des eaux minérales, et thermo-minérale, et des gites géothermiques sont assujettis au paiement, au début de chaque exercice budgétaire, selon le cas, d'une redevance superficiaire ou

---

[1] Article 170 du Code minier alinéa 1.

d'un droit de concession domaniale. Cette redevance superficiaire est assise sur la superficie du titre minier ou de carrière, du permis ou de l'autorisation à la date du paiement.

**Sous-section II : Les redevances proportionnelles**

**104-** Par redevance proportionnelle, il faut comprendre, la taxe ad valorem sur les substances minières et la taxe à l'extraction sur les substances de carrières. Elles sont payables mensuellement par les titulaires d'autorisations et des permis d'exploitation de carrières ou à l'occasion des expéditions des lots par les titulaires de titres miniers sur déclaration auprès de l'administration fiscale. Ces déclarations sont rapprochées des états de liquidation dressés par les services compétents du ministère des Mines.

**105-** Les substances soumises à la taxe ad valorem sont les produits extraits à l'état marchand ayant subi ou non des traitements n'entrainant aucune modification essentielle de leur composition chimique.

**106-** La taxe ad valorem est calculée sur la base de la valeur taxable des produits sur le carreau de la mine, prêts à l'expédition, à partir des renseignements, des contrats et de pièces justificatives que chaque redevable doit fournir aux administrations compétentes pour les besoins de sa détermination. Le prix de référence de la valeur taxable des produits sur le carreau de la mine est basé sur le cours de la substance sur le cours de la substance sur le marché international.

**107-** Les montants de la taxe ad valorem sur les produits miniers et sur les eaux de source, les eaux minérales, et thermo-minérales, les gites géothermiques, ceux des taxes à l'extraction des substances de carrières artisanales commerciales, artisanales semi-mécanisées et industrielles ainsi que la taxe communale sont fixés dans le Code minier.

**108**- Le produit des redevances superficiaires et des droits de concession domaniale, de la taxe ad valorem et de la taxe à l'extraction, fait l'objet d'une répartition entre le Trésor public et l'Administration des mines, l'administration des domaines, l'Administration fiscale.

### Sous-section III : Les exonérations fiscales et douanières

**109**- Le Code minier accorde certains avantages aux opérateurs miniers en matière fiscale et douanière. Ces avantages couvrent la période de recherche et d'exploitation qui englobe la période d'installation ou de construction et la période de production.

#### A- Les exonérations en matière de recherche

**110**- Les titulaires des permis de recherche sont exonérés de la contribution des patentes, l'exonération de la TVA sur les achats locaux et sur les importations de matériels et équipements directement liés aux opérations minières figurant sur une liste arrêtée conjointement par le Ministre des mines et celui des finances. Cependant, le bénéfice de cette exonération de la T.V.A est conditionné par la présentation d'une attestation d'exonération délivrée par l'administration fiscale sur demande écrite du titulaire.

**111**- En matière douanière, le titulaire du permis de recherche bénéficie du régime de l'admission temporaire pour le matériel utilisé au cours de la phase de recherche ainsi que pour l'équipement professionnel, les machines, les appareils, les véhicules de chantier[1], les pièces détachées de rechange. Les matériaux et pièces de rechange nécessaires au fonctionnement des matériels et équipements professionnels sont admis en franchise des

[1] Selon l'alinéa 2 de l'article 180, les véhicules de chantier incluent tous les types de véhicules à l'exclusion des véhicules de tourisme.

droits et taxes de douane. Les lubrifiants spécifiques nécessaires au fonctionnement des matériels et équipement de recherche sont admis en franchise des droits et taxes de douane.

### B- Les exonérations en matière d'exploitation

**112**- Le titulaire d'un permis d'exploitation est soumis au régime fiscal de droit commun. Les entreprises et sociétés minières titulaires d'un permis d'exploitation bénéficient des avantages suivants :

- L'étalement sur un an, du paiement des droits d'enregistrement sur les actes de création de société, de prorogation et d'augmentation du capital. Le montant des droits peut être fractionné et payé de la manière suivante : le premier tiers lors du dépôt de l'acte à la formalité ; le deuxième et le troisième tiers semestriellement.
- L'application de l'amortissement accéléré au taux d'un virgule vingt-cinq pour cent du taux normal pour les immobilisations spécifiques dont la liste est fixée par arrêté conjoint des ministres des Mines et des Finances.
- La rallonge de la durée du report déficitaire de 04 à 05 ans.

Les actes des sociétés minières sont exonérés du paiement des droits d'enregistrement et de timbre jusqu'à la première production commerciale, à l'exception de ceux relatifs aux baux et location à usage d'habitation.

**113**- Les titulaires d'un permis d'exploitation bénéficient pendant la phase d'installation ou de construction de la mine telle que spécifiée dans la convention minière, de l'exonération des taxes et droit de douane sur le matériel, matériaux, intrants et biens d'équipements nécessaires à la production ainsi que sur le premier lot de pièces de rechange qui devrait accompagner l'équipement de démarrage, à l'exception de véhicules de tourisme, des matériels et fournitures de bureau. Ils bénéficient également de l'exonération des droits et taxes de douane sur l'équipement de remplacement en cas d'incident technique et sur l'équipement devant servir à une extension de l'exploitation ; de l'exonération jusqu'à la première production commerciale constatée par arrêté conjoint du Ministre chargé des mines et du Ministre des Finances des droits et taxes de douane sur l'importation des intrants ; de l'exonération jusqu'à la première production commerciale constatée par arrêté conjoint du Ministre chargé des mines et du Ministre des Finances des droits et taxes de douane sur l'importation des matériaux et matériels nécessaires à la construction des bâtiments ; d'une exonération des droits et taxes de douane sur les lubrifiants spécifiques.

**114**- Cependant, jusqu'à la première production commerciale constatée par arrêté conjoint du ministre des Mines et du Ministre des Finances, il est exonéré de la TVA à l'importation des matériels et équipements. Toutes ces exonérations douanières incluent les taxes pour services rendus.

### C- La liste minière

**115**- Les avantages fiscaux et douaniers portent sur les équipements, les consommables, les matériels[1]. La liste minière a un contenu limité. Il regroupe l'ensemble des équipements, matériels, machines, matières premières et consommables, pour lequel le titulaire du titre minier demande à bénéficier de l'exonération des droits et taxes à l'importation durant les phases de recherche, de construction ou demande à bénéficier des taux réduits de droits de douane durant la phase d'exploitation.

**116**- Le contenu de la liste minière est propre à chaque phase d'activité. Pendant la recherche, la liste ne

---

[1] Ces matériels sont regroupés en trois catégories, article 184 du Code minier de 2016.

peut contenir que des équipements, matériels, machines, matières premières et consommables nécessaires aux activités de cette phase. Pour ce qui est de la phase d'installation ou de construction, la liste minière ne peut contenir que des équipements, matériels, machines, matières premières et consommables nécessaires à cette phase. Pour la phase d'exploitation, la liste ne peut contenir que des équipements, matériel, machines et consommables nécessaires aux activités de cette phase.

**117**- Lorsque les équipements, matériels, machines, matières premières et consommables devant être importés ne figurent pas sur la liste préalablement définie, une modification de la liste existante est déposée auprès du Ministre chargé des Mines.

S'agissant des sous-traitants, la liste des équipements, consommables et matériels doivent faire partie intégrante de celle des sociétés titulaires de titres miniers auxquelles elles sont attachées.

## Section III : l'obligation de bonne gouvernance et de transparence.

**118**- La bonne gouvernance et la transparence sont des notions nouvelles dans le Code minier. Il s'agit d'une innovation apportée par le législateur minier d'ans l'optique de créer un impact local positif avec comme enjeu la déconnexion des horizons temporels.

### Sous-section I : La bonne gouvernance

**119**- Le mot bonne gouvernance, de l'anglais *governance,* gouvernement, venant du latin « *gubernare* », qui signifie diriger un navire. La gouvernance désigne l'ensemble des mesures, des règles, des organes de décision, d'information et de surveillance qui permettent d'assurer le bon fonctionnement et le contrôle d'un Etat, d'une institution ou d'une organisation qu'elle soit publique ou privée, régionale, nationale ou internationale.

Initialement utilisé pour désigner la manière dont un gouvernement exerce son autorité économique, politique et administrative et gère les ressources d'un pays en vue de son développement, le concept de gouvernance a ensuite été étendu à la gestion des entreprises.

**120-** La Commission européenne a une définition qui rassemble tous les éléments caractéristiques du concept : l'expression gouvernance désigne les règles, les processus et les comportements qui influent sur l'exercice des pouvoirs, particulièrement du point de vue de l'ouverture, de la participation, de la responsabilité, de l'efficacité, de la cohérence.

**121**- Bonne est un adjectif qualificatif qui signifie ce qui a toutes les qualités convenables à sa nature, à son emploi. Ce qui est conforme à la justice, à la morale, à la raison ; qui est favorable, agréable, excellente, bénéfique. La combinaison de ces deux mots permet de dire que la bonne gouvernance est une gouvernance qui a toutes les qualités convenables à sa nature : une gouvernance qui est conforme à la justice, à la morale, à la raison, qui est favorable, agréable, excellent, bénéfique. De ce qui précède, il est permis de dire que la bonne gouvernance est celle qui a pour objectif de fournir l'orientation stratégique, de s'assurer que les objectifs sont atteints, que les risques sont gérés comme il faut et que les ressources sont utilisées dans un esprit responsable. La bonne gouvernance veille en priorité au respect des intérêts des ayant droits (citoyens, pouvoirs publics, partenaires, actionnaires) et à faire que leur voix soient entendues dans la conduite des affaires. Elle couvre des domaines variés : l'économie, la science politique, les ressources naturelles etc. L'accent ici est mis sur la bonne gouvernance dans le secteur minier.

**122**- La particularité de la bonne gouvernance dans le secteur minier est la multitude d'enjeux qu'il cristallise au même moment ; les enjeux politiques par leur contribution à l'accès et au maintien ou à la perte du pouvoir ; les enjeux socio-économiques par l'importance des revenus qu'il génère et l'impact sur les emplois, la santé et la sécurité ; les enjeux environnementaux par son impact sur la terre, les écosystèmes, les changements climatiques, etc.

### A- Les sources de la bonne gouvernance dans le secteur minier

**123**- Les règles de la bonne gouvernance ont des sources internes et internationales.

Sur le plan interne, il s'agit des lois régissant l'environnement, les lois régissant les affaires, le Code minier, le Code pétrolier, le Code gazier, le Code du travail, les lois pénales. Au plan international, la Vision Minière Africaine, les exigences de la Banque Mondiale, les principes de l'OCDE, les règles de l'OHADA.

### B- Intérêts de la bonne gouvernance dans le secteur minier.

**124**- Une bonne gouvernance dans le secteur minier présente des intérêts : au plan politique, économique et social.

Au plan politique, une bonne gouvernance est gage de stabilité, de paix et de sécurité. Il est souhaitable de la promouvoir. Au plan économique elle permet à la fois d'attirer les investisseurs, de tirer les meilleurs avantages des ressources et d'assurer le développement économique des Etats. Sur le plan social, une bonne gouvernance permet de protéger les populations riveraines et les salariés des entreprises.

### C- La mise en œuvre de la bonne gouvernance dans le secteur minier.

**125**- La mise en œuvre de la bonne gouvernance dans le secteur minier impose des obligations aux entreprises, notamment : la préservation des droits des riverains à un environnement sain, à travers : l'imposition d'une étude environnementale, l'obligation de restauration du site après exploitation ; la compensation de la perte des droits économiques, sociaux et culturels des riverains à travers le respect : de la préférence locale, l'obligation de contribuer au développement local ( infrastructures, santé, éducation etc.) ; l'obligation de payer une redevance aux populations affectées par l'installation et le fonctionnement de l'industrie ; l'obligation de respecter les droits du personnel employé.

## Sous-section II : La transparence.

**126**- Aujourd'hui, la transparence dans le secteur minier est devenue une préoccupation planétaire[1]. La transparence est considérée comme la clé de voûte pour conjurer la **« malédiction des ressources »** et le « **paradoxe de l'abondance** ». Son exigence se justifie dans la clarification des intérêts particuliers de toutes les parties concernées, par l'accès des citoyens aux informations sur ce que paient les compagnies pour accéder à leurs ressources naturelles. La transparence est une opportunité pour les citoyens de faire pression pour un débat démocratique sur la gestion des revenus ; une obligation de rendre compte des revenus perçus. Sans la transparence dans les revenus, les compagnies peuvent

---

[11] Dans ce sens on peut citer, le FMI, la Banque Mondiale, la BAD, les organismes de coopération économique ou de développement (OCDE, G8, G20), les regroupements régionaux (UE, UA, UEMOA, UEMAC).

être perçues comme complices dans l'exacerbation de la corruption et de la détérioration des conditions sociales des populations, même si elles effectuent des transactions commerciales légitimes avec ces gouvernements.

**127**- La transparence dans le Code minier renvoie à l'obligation pour les titulaires des titres miniers et autorisations de déclarer tous les paiements effectués vis-à-vis de l'Etat. Les investisseurs miniers qui exercent leurs activités au Cameroun, sont astreints à se conformer aux engagements internationaux pris par l'Etat et applicables à leurs activités, pour l'amélioration de la gouvernance dans le secteur minier, notamment ceux relatifs au processus de Kimberly, et à l'initiative pour la transparence dans les industries extractives. Les titulaires des permis de recherche ou d'exploitation et de diamant ou de l'or ainsi que tous les acteurs intervenants dans la chaine de traitement et de commercialisation de ces substances sont assujetties aux exigences de traçabilité, aux règles et principes internationalement reconnus.

**128**- Les actes qui consacrent l'attribution, la prolongation, le renouvellement, le transfert, l'amodiation, le retrait, ou la renonciation à un permis d'exploitation doivent faire l'objet d'une publication au journal officiel et dans les journaux d'annonces légales. De même que les titulaires ou demandeurs des titres miniers ou des autorisations ou d'exploitation de carrière ainsi que leurs sous-traitants directs ont l'obligation de fournir à l'administration compétente, l'identité de toutes les parties ayant des intérêts dans les titres miniers ou autorisations : il s'agit notamment des actionnaires légalement identifiés, les filiales de chaque société composant le demandeur, le titulaire ou son sous-traitant, leur lien avec la société, et la juridiction dans lesquelles elles opèrent ; l'identité des directeurs.

## CHAPITRE IV : LES SANCTIONS LIÉES À L'INOBSERVATION DES OBLIGATIONS

**129**- La constatation des différents manquements observés (**section I**) pendant l'activité minière peuvent donner lieu à des sanctions (**Section II**)

### Section I : La constatation des manquements et des infractions

**130**- Sans préjudice des prérogatives des Officiers de Police Judiciaire à compétence générale, les manquements et les infractions dans le secteur minier sont constatés par les Officiers de Police Judiciaire à compétence spéciale.[1] Et sont consignés dans des procès-verbaux. Les procès-verbaux sont transmis au Ministre chargé des mines dans les huit jours de leur établissement. Dès réception desdits procès-verbaux, le Ministre chargé des mines, inflige la sanction administrative correspondante.

**131**- Lorsque les faits constituent un manquement à une obligation prévue par la présente loi, la convention minière ou le cahier des charges, le Ministre chargé des mines inflige à l'auteur une sanction administrative. Si par contre les faits constituent un crime, le Ministre chargé des mines transmet le procès-verbal sans délai au Procureur de la République compétent. S'il s'agit d'un délit ou une contravention, le Ministre chargé des mines notifie l'amende correspondante au contrevenant. Lorsque le Ministre chargé des mines accède à l'offre de transaction, l'auteur de l'infraction est notifié dans les quinze jours suivant la transmission du procès-verbal, par tout moyen laissant traces écrites. L'auteur présumé de l'infraction objet du procès-verbal peut, soit s'acquitter de l'amende,

[1] Article 202 et suivants du Code minier.

soit solliciter une transaction auprès du Ministre chargé des mines. La procédure de transaction doit être antérieure à toute procédure judiciaire éventuelle, sous peine de nullité. Le montant de la transaction ne peut être inférieur au minimum de l'amende pénale correspondante.

**132**- Si l'auteur présumé ne reconnait pas les faits ou si à l'expiration du délai imparti, il ne s'acquitte pas de l'amende infligée, le dossier est transmis au Procureur de la République compétent[1]. En l'absence de transaction ou en cas de non-exécution de la convention de transaction, l'action publique est mise en mouvement, après mise en demeure préalablement notifiée au contrevenant, dans les soixante-douze heures à la diligence de l'Administration en charge des mines, partie au procès. L'Administration en charge des mines peut, dans le respect des dispositions du Code de procédure pénale : faire citer tout mis en cause devant la juridiction compétente ; déposer des mémoires ou conclusions et formuler toutes observations orales qu'elle estime utiles à la sauvegarde de ses intérêts ; exercer les voies de recours ouvertes par la loi[2].-

**133**- La responsabilité civile du titulaire d'un titre d'exploitation ou de tout mandataire commis par l'intéressé, est absolue et totale en cas de commission d'une infraction. L'Administration en charge des mines est civilement responsable des actes commis par ses préposés à l'occasion ou dans l'exercice de leurs fonctions. Dans ce cas, elle dispose, en tant que de besoin, d'une action récursoire à leur encontre.

**134**- Dans l'exercice de leurs fonctions, les Officiers de Police Judiciaire à compétence spéciale, commis par l'Administration en charge des mines, peuvent recourir à la force publique en cas de flagrant délit ou d'agression

---

[1] Article 205 Code minier.

[2] Article 206 Code minier

perpétrée par les contrevenants à la loi, et les autorités militaires et civiles sont tenues de prêter main forte aux agents de l'Administration en charge des mines dès la première réquisition. Dans tous les litiges relatifs aux activités minières ou de carrières, les rapports et avis de l'Administration en charge des mines tiennent lieu de rapports d'experts et les procès-verbaux constatant les infractions ainsi que les produits saisis sont transmis au Procureur de la République. Les mis en cause sont, le cas échéant, déférés au parquet.

## Section II : Les différentes sanctions.

**135**- Il convient de distinguer les sanctions administratives **(Sous-section I)** des sanctions pénales **(Sous-section II).**

### Sous-section I Les sanctions administratives

**136**- Sans préjudice des poursuites judiciaires, toute infraction aux dispositions de la présente loi et de ses textes d'application ou toute violation des obligations en matière d'exploitation minière ou d'exécution des clauses des cahiers des charges souscrits entraîne, selon le cas : la suspension d'activités ; le retrait du titre minier[1]. Sont nuls de plein droit, les titres miniers, les autorisations et permis d'exploitation de carrières, ainsi que les autres autorisations régies par la présente loi : obtenus par fraude ou à l'aide de fausses déclarations ; renouvelés en fraude notamment sans certificat ou notice d'impact environnemental ; objet de transaction non approuvée par le Ministre chargé des Mines. Les cas de nullité prévus à l'alinéa 1 ci-dessus peuvent être soulevés d'office et en tout état de cause par le juge[2]. Les titulaires d'un titre

---

[1] Article 209 Code minier.

[2] Article 210 Code minier.

minier ou d'une autorisation d'exercice d'une activité minière ou de carrières sont tenus de se conformer aux dispositions de leur convention minière, de leur cahier des charges ou aux prescriptions des titres ou de leur autorisation ainsi que des prescriptions administratives de la présente loi. Lorsque les personnes visées ci-dessus ne se conforment pas aux prescriptions et dispositions de leur convention minière, de leur cahier de charges ou aux prescriptions des titres ou de leur autorisation ainsi que des prescriptions administratives de la présente loi, le Ministre chargé des mines leur adresse une mise en demeure rappelant les obligations qui leur incombent et leur impartit un délai pour les exécuter.

**137**- Si au terme du délai imparti, aucune suite n'est donnée à la mise en demeure, le Ministre chargé des mines constate la non-exécution par la personne visée de ses obligations et procède au retrait du titre ou de l'autorisation. L'acte constatant le retrait rend libre le périmètre objet du titre, de l'autorisation ou du permis. Lorsque l'obligation visée à l'alinéa 1 ci-dessus est de nature pécuniaire, le Ministre chargé des mines inflige au titulaire du droit, une pénalité dont le minimum est égal à 50 % du principal. La décision infligeant la pénalité s'exécute concomitamment avec le paiement du principal, dans le délai fixé dans la décision.

**138**- Si dans le délai prévu ci-dessus, le titulaire du droit ne s'acquitte pas de la pénalité, le Ministre chargé des mines constate la caducité du titre. Lorsque l'obligation est relative à la validité du titre minier ou de l'autorisation d'exploitation, le Ministre chargé des mines peut constater sa caducité si la demande de renouvellement du permis ou de l'autorisation n'a pas été introduite dans le délai ou lorsque les conditions d'obtention ou de renouvellement n'ont pas été respectées. Au cas où il sollicite le renouvellement après le délai imparti, la demande de renouvellement est irrecevable. Les titres miniers et les autorisations et permis d'exploitation peuvent faire l'objet d'un retrait dans les cas suivants :le non-paiement de la redevance superficiaire ; la conduite des travaux d'exploitation à l'intérieur de son permis par le titulaire d'un permis de recherche ; le retard ou la suspension de l'activité de recherche pendant une durée supérieure à un an ; le retard ou la suspension de mise en exploitation ou d'exploitation pendant une durée supérieure à trois ans ; l'infraction aux règles relatives à la santé publique et à la sécurité au travail ; la non-exécution du programme des travaux ; la non-transmission à l'autorité compétente des documents et informations prévues par la réglementation en vigueur ; le non-respect des clauses de la convention ou du cahier de charges ; la violation des règles relatives à la santé publique, à la sécurité, à l'hygiène et à la protection de l'environnement ; la tenue irrégulière des documents exigés par la présente loi. En dehors des cas de retrait visés ci-dessus, les autres manquements aux obligations administratives peuvent donner lieu à la suspension, pour une période maximale de six mois du titre minier et l'autorisation d'exploitation. Lorsqu'à l'issue de la période de suspension, le titulaire d'un titre minier ou de carrière ou d'une autorisation d'exploitation ne remédie pas aux manquements ayant entrainé la suspension, le Ministre chargé des mines prononce le retrait du titre ou de l'autorisation sans mise en demeure préalable. La décision de retrait est notifiée par tout moyen laissant traces écrites au titulaire du titre ou de l'autorisation. L'acte de retrait est notifié par tous moyens laissant trace écrite au titulaire du titre ou de l'autorisation[1].- Si au cours d'un différend portant sur l'utilisation d'un titre ou d'une autorisation

[1] Article 214 Code minier.

d'exploitation ou sur les produits obtenus à l'aide dudit titre ou de ladite autorisation, la juridiction saisie du différend annule ou constate la nullité, l'invalidité ou la caducité. Le titulaire déchu est invité à déguerpir. En cas de récidive portant sur un manquement au cours de la période de validité d'un titre minier ou d'une autorisation d'exploitation, le Ministre chargé des mines peut procéder au retrait du titre ou de l'autorisation. Le retrait prévu à l'alinéa 1 ci-dessus se fait après notification par tout moyen laissant traces écrites au titulaire du titre ou de l'autorisation d'exploitation, sans qu'il soit besoin d'une mise en demeure, du manquement entraînant la récidive.

**Sous-section II : Les sanctions pénales**

**139-** Nonobstant les infractions prévues par le Code Pénal, peuvent constituer des infractions dans le cadre des activités minières, la violation des dispositions de la présente loi. Constituent notamment des infractions minières, les manquements répétés aux obligations administratives sanctionnées par le retrait des titres ou des Autorisations d'exploitation ou par la nullité des titres et autorisations[1].

**140-** Les personnes morales sont responsables pénalement des infractions commises pour leur compte, par leurs organes, leurs mandataires ou leurs représentants. Cela implique également l'Etat et ses démembrements. Selon le Code minier[2], la responsabilité pénale des personnes physiques auteurs des actes incriminés peut se cumuler avec celle des personnes morales. Est puni d'un emprisonnement de quinze jours à trois mois et d'une amende de 50.000 à 500.000 FCFA ou de l'une de ces deux peines seulement, le titulaire d'un titre ou d'une

---

[1] Article 217 Code minier

[2] Article 218

autorisation d'exploitation qui s'oppose à l'entrée dans son site des Inspecteurs et Inspecteurs adjoints du Ministère chargé des mines ou des autres administrations compétentes.

**141**- Les peines prévues à cet effet sont doublées si l'opposition est accompagnée de voies de fait ou de menaces. Est puni des peines prévues à l'alinéa 1 ci-dessus, celui qui omet de déclarer à l'Administration en charge des mines, trente jours au moins avant le début des travaux, la réalisation de tout sondage, ouvrage souterrain, travail de fouille, quel qu'en soit l'objet, dont la profondeur dépasse 20 mètres. Tout comme est puni d'un emprisonnement de deux à cinq ans et d'une amende de 500.000 à 5.000.000 FCFA, ou de l'une de ces deux peines seulement, celui qui exploite une mine ou une carrière sans titre ou sans autorisation d'exploitation préalable. Les peines prévues sont doublées si l'auteur des faits use de fraude ou fait usage d'un titre ou d'une autorisation d'exploitation obtenu à l'aide d'un faux ou sur la base de fausses déclarations. Les peines prévues s'appliquant à tout acte de complicité ayant permis la réalisation des infractions visées. - Est puni d'un emprisonnement de deux à cinq ans et d'une amende de 500.000 à 10.000.000 FCFA celui qui vend, revend ou transporte les produits issus de la mine ou de la carrière visée à l'article 213 ci-dessus. Est puni d'un emprisonnement de cinq à dix ans et d'une amende de 2.000.000 à 20.000.000 FCFA, et après une procédure contradictoire[1], le titulaire d'un permis de recherche qui dispose de produits extraits au cours de ses travaux de recherche sans en faire la déclaration à l'Administration en charge des mines. Est puni, celui qui s'abstient de porter à la connaissance de l'Administration en charge des mines

[1] Térré (F), Introduction générale au droit, Dalloz 2012.

les cas d'accident survenu ou de danger identifié dans un chantier, dans une exploitation ou dans les dépendances. Est puni des peines prévues à l'alinéa 1 ci-dessus, celui qui exerce des activités minières, de carrières ou d'exploitation d'eaux de source, minérales, thermo-minérales et des gîtes géothermiques dans une zone interdite ou protégée. Les peines prévues s'appliquent à tout acte de complicité ayant permis la réalisation des infractions visées. Est puni d'un emprisonnement de six mois à deux ans et d'une amende de 50.000 à 1.000.000 FCFA, ou de l'une de des deux peines seulement, celui qui exploite une eau de source, une eau minérale ou thermo-minérale sans autorisation, ni permis, même sur ses propres terres, sur les parcelles, du domaine public, du domaine national, du domaine privé de l'Etat ou sur des terrains des particuliers. Les peines prévues à l'alinéa 1 ci-dessus sont applicables à celui qui, connaissant la provenance d'une eau et sachant qu'elle n'est ni de source, ni minérale, ni thermo-minérale la commercialise.

**142**- Les peines sont applicables à celui qui conditionne, transporte et commercialise une eau de source, une eau minérale ou thermo-minérale provenant d'une exploitation non autorisée. - Est puni d'un emprisonnement de trois mois à un an et d'une amende de 500.000 à 10.000.000 FCFA, ou de l'une de ces deux peines seulement, celui qui communique de fausses informations ou de faux documents à l'Administration en charge des mines. - Est puni d'un emprisonnement de six mois à trois ans et d'une amende de 500.000 à 10.000.000 FCFA, ou de l'une de ces deux peines seulement, le titulaire d'un titre ou d'une autorisation d'exploitation qui se livre à des activités régies par la présente loi sans se conformer aux règles relatives à la sécurité, à l'hygiène et à la protection de l'environnement.

Est puni d'un emprisonnement de trois mois à un an et d'une amende de 500.000 à 10.000.000 FCFA ou de l'une de ces deux peines seulement, celui qui minore la valeur taxable des produits extraits. Les peines prévues à l'alinéa 1 ci-dessus sont applicables à celui qui refuse de remettre à la personne chargée de contrôler la valeur taxable des produits extraits, les documents nécessaires à sa mission. Est puni d'un emprisonnement de dix à vingt ans et d'une amende de 25.000.000 à 100.000.000 FCFA celui qui, ayant connaissance d'une procédure d'installation d'une carrière d'intérêt public, se fait délivrer directement ou indirectement, par quelque moyen que ce soit, l'autorisation d'exploitation de la même carrière. Les peines prévues à l'alinéa 1 ci-dessus sont doublées lorsque l'autorisation a été obtenue à l'aide d'un faux ou à la suite de fausses déclarations. Les peines s'appliquent à tout acte de complicité ayant permis la réalisation des infractions visées. Est puni d'un emprisonnement de cinq à dix ans et d'une amende de 10.000.000 à 50.000.000 FCFA ou de l'une de ces deux peines seulement, celui qui falsifie ou modifie un titre, une autorisation, un certificat ou une mention sur les registres des titres miniers, le cadastre minier et les cartes et documents délivrés par l'Administration en charge des mines. Est puni, celui qui modifie un périmètre régulièrement attribué, détruit, déplace ou modifie des signaux ou des bornes.. - Les infractions relatives aux terres mises à la disposition des titulaires des titres, permis, ou autorisation d'exploitation sont sanctionnées conformément à la législation foncière et domaniale.

**143**- Est puni d'un emprisonnement de six mois à trois ans et d'une amende de 100.000 à 1.000.000 FCFA ou de l'une de ces deux peines seulement, celui qui divulgue les informations et les documents confidentiels transmis à l'Administration en charge des mines. Est puni d'un emprisonnement de deux à cinq ans et d'une amende de 1.000.000 à 2.000.000 FCFA ou de l'une de ces deux peines seulement, le titulaire d'un titre, d'un permis ou d'une autorisation qui exporte ou fait exporter sans autorisation ni certificat, des substances minérales. Les peines prévues à l'alinéa 1 ci-dessus sont applicables à celui qui fait usage d'une autorisation ou d'un certificat frauduleux. Les peines prévues à l'alinéa 1 ci-dessus s'appliquent à tout acte de complicité ayant permis la réalisation des infractions visées.

# DEUXIÈME PARTIE :
# LES RÈGLES SPÉCIFIQUES À CHAQUE TYPE D'ACTIVITÉ MINIÈRE

**144**- Outre les règles générales applicables à l'ensemble des opérations, le Code minier contient une gamme de régimes spécifiques, les quels varient en fonction de la forme de l'activité sollicitée. En effet, une analyse objective du Code minier de 1964, révèle que ce dernier n'était pas de nature à encourager l'activité minière. En faveur de cette argumentation, la taille de ce texte. En effet, il ne contenait que 47 articles, donc, insuffisants pour pouvoir embrasser de manière détaillée, tous les domaines importants. Une réforme s'imposait par conséquent. Et au titre de celle-ci, des domaines nouveaux ont vu le jour. C'est dans ce sens que le législateur minier actuel a consacré le statut d'artisan minier. Ainsi, toute personne désirant entreprendre ou conduire une activité minière, et remplissant les conditions prévues par la règlementation en vigueur, peut se livrer soit à des opérations minières industrielles (**Titre I**), soit à des activités minières artisanales (**Titre II**).

# TITRE I : LES OPÉRATIONS MINIÈRES INDUSTRIELLES

**145-** L'opération minière industrielle est celle qui se fait par des moyens et des procédés techniques industriels. Elle implique l'utilisation des équipements appropriés, et nécessite par conséquent d'énormes moyens financiers. Le Code distingue les opérations minières industrielles proprement dites (**Chapitre I**) et les opérations industrielles de substances de gites de carrières (**Chapitre II**), et le régime juridique des eaux de source, des eaux minérales, thermo-minérales et des gites géothermiques.

## CHAPITRE I : LES OPÉRATIONS MINIÈRES INDUSTRIELLES PROPREMENT DITES

**146** - L'activité minière proprement dite est celle qui repose sur des substances matérielles sous forme solide, liquide ou gazeuse qui survient de manière naturelle sur ou sous la terre, mais ne comprenant ni l'eau ni pétrole. Cette forme d'exploitation peut être menée par toute personne physique ou morale quelque soit sa nationalité, à la condition qu'elle justifie d'un permis de reconnaissance (**Section I**), d'un permis de recherche (**Section II**), ou d'un permis d'exploitation (**Section III**).

### Section I : Le permis de reconnaissance

**147**- Le permis de reconnaissance est un acte administratif, c'est-à-dire un acte émanant de l'Administration, et qui confère à son titulaire le droit non exclusif et non transmissible de mener des opérations de reconnaissance à l'intérieur du périmètre[1]. Par opérations de reconnaissance on entend, des investigations systématiques et itinérantes de surface par des méthodes géologiques, géophysiques ou autres faisant appel à de vastes superficies dans le but de déceler les indices ou des concentrations de substances minérales utiles. L'Etat peut confier la reconnaissance à des institutions publiques qui éventuellement passeront des conventions y afférentes[2]. Qu'elles émanent des personnes de droit privé ou de droit public, les conditions d'attribution (**Sous-section I**), de renouvellement (**Sous-section II**) sont les mêmes. Le permis de reconnaissance génère également des droits de reconnaissance à son bénéficiaire (**sous-section III**).

---

[1] Article 2 nouveau du Code minier.

[2] Article 36 alinéa 3 du Code minier.

### Sous-section I : La demande d'attribution du permis de reconnaissance

**148**- Tout demandeur d'un permis de reconnaissance doit adresser une demande timbrée au Ministre chargé des mines. Cette demande est faite en triple exemplaire dont le formalisme est fourni par l'Administration chargé des mines. Elle est déposée auprès du conservateur contre récépissé. La demande est accompagnée d'une carte à l'échelle de 1/200. 000.e précisant les limites de la zone sollicitée ; d'un mémoire sur l'objet de la reconnaissance envisagée ; d'un programme des travaux et le nom du responsable de ces travaux ; du récépissé attestant du versement du droit prévu ; d'une indication sur laquelle la disponibilité des ressources financières requises pour entreprendre les travaux.

### Sous-section II : Le renouvellement du permis de reconnaissance

**149**- Le renouvellement du permis de reconnaissance nécessite uniquement la production des documents modifiés après la demande initiale et le récépissé de versement des droits requis ainsi que le rapport des travaux de la période qui s'achève.

**150**- Pendant la période de validité ou lors des périodes de validité issues des renouvellements postérieurs, le titulaire du permis de reconnaissance remet tous les six mois au Ministre chargé des mines, un rapport détaillant les travaux réalisés, les dépenses supportées et toutes les données concernant les ressources géologiques et minières mises en évidence. Il remet en outre un rapport final de 60 jours au plus après l'expiration du permis. Toute réalisation des travaux de reconnaissance sur le terrain, conformément aux dispositions du Code minier[1] fait l'objet d'une demande d'autorisation auprès du ministre chargé des mines. Cette demande indique les références scientifiques de l'organisme, la nature des travaux et l'identité du responsable des travaux sur le terrain. Cette autorisation donne obligation au titulaire de transmettre au Ministre chargé des mines, une copie de toute publication, carte ou résultats issus de ses travaux. C'est une opération préalable à la recherche. Elle permet à l'investisseur minier de s'assurer de l'utilité des opérations de recherches envisagées. .

**Sous-section III - Les droits de reconnaissance**

**151**- Ces droits s'analysent en des droits d'accès dans le périmètre et de mener des investigations systématiques et itinérantes de surface par des méthodes géologiques, géophysiques ou autres faisant appel à des vastes superficies dans le but de déceler les indices ou des concentrations de substances minérales utiles. Ces droits emportent également la possibilité d'ériger sous réserve du respect de la législation foncière et domaniale en vigueur, des installations appropriées en vue de mener des opérations de reconnaissance à l'intérieur du périmètre de reconnaissance ; le droit d'entrer dans le périmètre de reconnaissance et d'ériger sous réserve du respect de la législation foncière et domaniale en vigueur, des installations appropriées[2].

**152**- Le permis de reconnaissance génère aussi le droit non exclusif et non transmissible de mener des opérations de reconnaissance à l'intérieur du périmètre de reconnaissance.

---

[1] Article 12 du Code minier.

[2] Article 2 Code minier.

## Section II - Le permis de recherche

**153-** Le permis de recherche est un acte administratif délivré par le ministre en charge des mines. Il permet à son titulaire le droit de conduire ou d'entreprendre des travaux de recherches dans un périmètre déterminé. Il est délivré pour une période maximale de 3 ans renouvelable deux fois au plus pour une période de deux ans chacune. Son étude amène à analyser la procédure de délivrance, (**Sous-section I**) et de renouvellement et les différentes obligations qui incombent à son titulaire (**Sous-section II**).

### Sous-section I : La procédure de délivrance et de renouvellement du permis de recherche

**154 -** Seront examinées respectivement, la procédure de délivrance (**A**) et le renouvellement **(B)** du permis de recherche

#### A- La procédure de délivrance du permis de recherche

**155-** La procédure de délivrance du permis de recherche commence par une demande timbrée au tarif en vigueur, adressée au Ministre en charge des mines suivant le modèle de la fiche fournie par l'administration chargée des mines. Elle est déposée auprès du conservateur contre récépissé et à triple exemplaires dont l'original est timbré au tarif en vigueur. Il est précisé dans la demande, la délimitation et la superficie de la zone sollicitée, les circonscriptions administratives concernées. La demande d'un permis de recherche est accompagnée des pièces suivantes : un extrait de la carte topographique de la région du permis sollicité, précisant les sommets et les limites du périmètre demandé et les points géographiques décrivant le périmètre, le programme et l'échelonnement des travaux que le demandeur se propose d'exécuter pendant la période de validité du permis, un récépissé attestant le paiement des droits requis, une indication concrète de la disponibilité des ressources nécessaires pour réaliser les travaux, un engagement écrit d'exécuter les travaux joints dans le programme. On peut se poser la question de savoir ce qu'il advient lorsque le titulaire du permis de recherche découvre un gisement qu'il ne peut exploiter immédiatement ? Selon l'article 44 alinéa 1 du Code minier, le titulaire a la possibilité de solliciter un changement de programme qui lui permettrait de réserver le périmètre et le permis de recherche pour une autre période de deux ans. Il s'agit d'une innovation qui vise à protéger les droits de l'exploitant, dans la mesure où elle permet de sécuriser le gisement découvert au profit du titulaire du permis qui a conduit les opérations de recherches. Le permis de recherche permet à son titulaire de :

- Accéder et occuper la superficie du périmètre ;
- Extraire, enlever et disposer des rochers de la terre du sol ou des substances minérales, à l'exclusion des substances précieuses et semi-précieuses dans des quantités prévues dans le programme des travaux approuvé ;
- Prendre et utiliser l'eau située sur ou coulant à travers le dit terrain pour tout besoin nécessaire aux travaux de recherche conformément aux lois et règlements en vigueur ;
- Mener tous autres travaux appropriés pour entreprendre des recherches sur le terrain.

### B- Le renouvellement du permis de recherche

**156-** Le renouvellement d'un permis de recherche requiert uniquement les documents modifiés après la demande initiale. La demande de renouvellement comprend en outre le rapport des travaux antérieurs et le récépissé de versement des droits prévus ainsi que la carte précisant la zone, objet de la renonciation. Selon l'article 39 alinéa 2, le renouvellement de la validité d'un permis de recherche emporte renonciation par le titulaire d'une superficie au moins égale à la moitié du périmètre détenu pendant la durée antérieure. Lorsqu'un périmètre a été réduit à moins de soixante-deux kilomètres carrés, le titulaire n'est plus tenu de faire d'autres renonciations[1]. La renonciation prend effet à compter de la date de renouvellement du permis de recherche.

**157**- A l'expiration d'un permis de recherche dont le titulaire ne demande pas le renouvellement ou à l'expiration de la dernière période de validité du permis non suivie d'une demande de permis d'exploitation, la surface du titre est réputée libre de toute obligation. Son attribution à un tiers demandeur ne peut donner lieu au paiement d'une indemnité à l'ancien titulaire.

### Sous-section II-Les obligations particulières incombant au titulaire du permis de recherche.

**158**- Outre les obligations générales[2], le titulaire du permis de recherche est tenu d'exécuter le programme des travaux approuvé **(A)**, et de rendre compte de l'évolution de ses activités (**B**).

#### A- L'obligation d'exécuter le programme des travaux approuvé

**159**- Le titulaire d'un permis de recherche est tenu d'exécuter l'ensemble des travaux prévus au programme soumis et approuvé, ou des travaux prévus dans un programme modifié et approuvé par le Ministre chargé des mines, sauf dérogation éventuellement accordée lors des

[1] Article 39 alinéa 2
[2] Voir Première partie, p. 49 et s.

évaluations annuelles[1]. Les dépenses Minima devant être effectuées chaque année sont celles qui sont indiquées dans le programme approuvé cette année. Elles ne devront en aucun cas être inférieures à l'équivalent de cent mille francs CFA par KM au carré et par an. Les dépenses jugées acceptables sont celles qui sont directement liées à l'acquisition et à l'interprétation des données de recherche de la zone du permis de recherche incluant celles liées aux travaux de laboratoire et aux études de faisabilité. Selon l'article 62 du décret d'application du Code minier, les dépenses non acceptables sont : l'achat d'un titre minier ; l'achat de terrain ou bâtiments.

**160**- Cependant cette obligation peut être rendue impossible par des circonstances qui empêchent l'exploitant d'exécuter son obligation. Il s'agit des évènements nouveaux qui ponctuent la vie du contrat.

### B- L'obligation de rendre compte de l'évolution des travaux

**161**- Le titulaire du permis de recherche doit commencer les travaux de recherche à l'intérieur du périmètre dans un délai maximum de neuf mois à compter de sa date de signature. Passé ce délai, une mise en demeure lui est notifiée par tout moyen laissant trace écrite. Outre cela, il a l'obligation de rendre compte au Ministre en charge des mines, de l'évolution de ses activités. Cette obligation se fait par le biais d'un rapport d'activités, lequel doit parvenir aux périodes et échéances suivantes : pour compter de la date de notification de l'attribution du permis, ou en cas de retrait de renonciation et de renouvellement, un rapport semestriel résumant tous les travaux entrepris en relation avec le permis de recherche et ce, depuis le précédent rapport. Pour les

[1] Article 61 décret d'application du Code minier

mêmes échéances, un rapport résumant toutes les dépenses acceptables pour ou en relation avec le permis de recherche depuis la remise du précédent rapport. Au terme de chaque année à compter de la date de notification du permis, un rapport le titulaire doit présenter un rapport donnant tous les détails de l'ensemble des travaux entrepris pour ou en relation avec le permis de recherche correspondant depuis sa date d'attribution.

**162**- Le titulaire d'un permis de recherche peut à tout moment demander un changement du programme en cours. Tout changement de programme préalablement approuvé doit être fondé sur les cas de force majeure ou sur une nouvelle conduite des opérations de recherche. Le changement de programme doit être accompagné d'un programme révisé. Le Ministre en charge des mines peut demander au requérant de fournir des renseignements supplémentaires ou d'amender le programme révisé ; approuver le changement demandé, lequel se substitue au programme précédemment approuvé. Il peut aussi refuser le changement de programme. Seulement cette dernière hypothèse est soumise à l'obligation de motivation.

## Section III - Le permis d'exploitation.

**163-** Le permis d'exploitation est accordé par le Président de la République pour une période n'excédant pas vingt-cinq ans. Il est octroyé à une personne qui sollicite accomplir des actes d'exploitation dans un périmètre déterminé. Son obtention est soumise à la conclusion préalable d'une convention minière entre l'opérateur minier et l'Etat (**Sous-section I**). Cette étape précède donc les modalités d'attribution du permis (**Sous-section II**), les droits et obligations du titulaire du permis (**Sous-section III**), des droits d'exploitation (**Sous-section IV**) et les obligations particulières qui incombent au titulaire du permis d'exploitation (**Sous-section V**).

### Sous-section I : Le préalable à l'obtention du permis d'exploitation : la convention minière

**164**- La convention minière est un contrat conclu entre l'Etat et l'investisseur minier, en l'occurrence le titulaire d'un permis de recherche, en vue du développement et de l'exploitation d'une mine découverte. Selon le Code minier c'est un contrat de partenariat entre l'Etat et le titulaire d'un permis de recherche, définissant les conditions relatives au développement et à l'exploitation d'une découverte minière, y compris les opérations de fermeture et de remise en état du site. La convention est signée pour l'Etat par le Ministre en charge des mines, et pour les autres entités, parties à la convention minière par leurs représentants légaux[1]. La durée de la convention minière correspond à celle du titre minier accordé.

**165**- On observe généralement trois types de convention minière, s'agissant de l'exploitation minière en Afrique au Sud du Sahara à savoir : les conventions concessions, les conventions d'associations, les conventions d'entreprise. Le Cameroun a choisi la formule de la convention concession et la convention d'association.

**166**- La convention minière contient, l'objet, les fondements et la portée des projets qu'elle encadre, le site à l'intérieur duquel seront implantées les infrastructures nécessaires au développement du projet. Le contenu détaillé des projets à réaliser au titre de la convention minière et les conditions techniques et financières de leur développement ; la durée et les conditions de renouvellement, de non-renouvellement, de prorogation, ou de réalisation, d'expiration de la durée, de renonciation

---

[1] Article 44 alinéa 2 du Code minier.

à la convention minière et de force majeure. Elle contient aussi les modalités de transfert, les droits et obligations des parties à la différence entre les droits et obligations des organismes mandatés par l'Etat pour la gestion de ses intérêts commerciaux et les droits souverains de l'Etat.

**167**- La convention minière détermine les conditions et les modalités d'octroi, de renouvellement et de retrait des autorisations et des permis nécessaires à la réalisation des projets inscrits dans la convention minière. Les règles de propriété des produits issus de l'exploitation de la mine, et de leur répartition le cas échéant, entre les parties à la convention minière, ainsi que les conditions de leur commercialisation sur le territoire national ou à l'exportation. La convention règle les modalités de définition de la mise en œuvre, de contrôle et de suivi des projets, et des programmes de développement sociaux destinés aux populations autochtones ou riveraines ; du régime des biens meubles et immeubles nécessaire à la réalisation des projets inscrits dans la convention minière ; les dispositions relatives à la participation de l'Etat, d'un organisme dument mandaté à cet effet, dans les projets miniers inscrits dans la convention minière, ainsi que les règles de l'association entre l'Etat ou organisme public et les sociétés commerciales parties à la convention minière. La convention intègre des dispositions relatives au contenu local des projets développés au titre de la convention minière, notamment la formation, l'emploi et la protection d'œuvre camerounaise, le recours à la sous-traitance des PME locales, le développement et la mise à niveau des entreprises locales pour leur participation aux activités de construction ou d'exploitation des usines ou des infrastructures prévues par les projets, objet de la convention minière, aux projets sociaux destinés au développement des populations riveraines ou autochtones.

**168-** Les modalités et les clauses d'indexation à l'environnement économique des substances minérales doivent figurer dans la convention minière ; des dispositions relatives aux obligations des sous-traitants, les obligations en matière de santé publique, de sécurité publique et d'hygiène, de sureté des installations, de protection de l'environnement et du patrimoine culturel ; les obligations en matière d'abandon des installations et de remise en état de sites affectés aux projets, ainsi que les modalités de reprise par l'Etat des infrastructures et des installations en fin d'exploitation le cas échéant ; les droits et obligations du titulaire du titre minier ainsi que les conditions générales de construction d'exploitation et d'entretien des installations et infrastructures des projets et installations connexes. La convention doit contenir les modalités d'application des régimes juridique et fiscale, douanier, de change et des garanties générales y compris la garantie de stabilité de ces régimes qui ne peut excéder la période indiquée pour le retour sur investissement. Les modalités d'application des sanctions en cas de violation des termes de la convention minière.

**169-** La convention minière doit contenir la procédure de règlement des différends ; le régime foncier et domanial applicable, conformément à la législation et à la réglementation en vigueur ; la procédure et la tenue et de clôture de tenue des comptes bancaires sur le territoire national, en devises étrangères ; les modalités d'emploi des travailleurs nationaux et étrangers ; les conditions de souscription, de détention et de cession d'actions des sociétés d'être créées au titre minier de la convention.

**170-** La convention spécifie les modalités d'indemnisation en cas d'expropriation ou de déguerpissement, les modalités de compensation en cas d'affectation des biens, les conditions dans lesquelles les garanties sont octroyées par l'Etat aux projets, notamment la garantie de l'exécution des obligations de l'Etat par tout organisme public dument mandaté à cet effet, les garanties exigées par les préteurs ; les éventuelles exclusivités dont bénéficient les sociétés minières signataires de la convention minière le cas échéant, et les conditions y afférentes, notamment en terme de durée, de renonciation et d'annulation applicables aux projets, si nécessaire ; les conditions dans lesquelles les tiers pourraient avoir accès aux infrastructures développées dans le cadre des projets visés par la convention minière ; les modalités de mise en disposition de la production des substances minérales extraites affectées à la transformation locale dont le taux minimal est fixé à 15 pour cent ; les modalités et les conditions selon lesquelles les prêteurs pourraient se substituer ou substituer une entité qu'ils contrôlent à la société minière signataire de la convention minière, dans les droits et obligations qui en résultent ainsi qu'au titre des concessions, autorisations et permis régis par la convention minière.

**171**- En dehors du contenu ci-dessus énuméré, d'autres éléments peuvent figurer sur accord des parties après négociations.

**Sous-section II - Les modalités d'attribution et de renouvellement du permis d'exploitation**

**172**- Seront examinés, les régimes juridiques d'octroi **(A)** et de renouvellement **(B)** du permis d'exploitation.

## A- Les modalités d'attribution du permis d'exploitation

**173**- Le régime n'est pas le même selon qu'il s'agit de la petite mine[1] **(1)** ou de la mine industrielle[2] **(2)** ou des gites géothermiques, des eaux de source, des eaux minérales et thermo minérales (**3**)

### 1- Le permis d'exploitation de la petite mine

**174**- Le permis d'exploitation de la petite mine est délivré par le Ministre en charge des mines[3]. Il est octroyé pour une durée de 05 ans renouvelable par période de trois ans. La superficie pour laquelle le permis est octroyé est fonction du gisement dont l'exploitation est envisagée dans l'étude de faisabilité. La surface de la zone, objet du permis est constitué d'un seul bloc de forme polygonale, entièrement contenu à l'intérieur du permis de recherche dont le permis d'exploitation de la petite mine est issu.

### 2- Le permis d'exploitation de la mine industrielle

**175**- Il est accordé par décret du président de la République pour une durée de 20 ans au plus. Il est renouvelable pour une ou plusieurs personnes n'excèdent pas dix ans chacune. S'agissant de la superficie objet du

---

[1] La petite mine est une exploitation minière de petite taille, permanente, fondée sur la justification de l'existence d'un gisement, utilisant les règles de l'art, des procédés semi-industriels ou industriels et dont la production annuelle ne dépasse pas un certain tonnage du produit commercialisable sous forme de minerai, concentré ou métal, fixé pour chaque substance, article 4 du Code minier 2016.

[2] La mine est industrielle est fondée sur la mise en évidence préalable d'un gisement commercialement exploitable, possédant les installations fixes nécessaires pour une récupération dans les règles de l'art, de substances minérales exploitées dans des procédés industriels, article 4 Code minier 2016.

[3] Article 50 alinéa 1 Code minier 2016.

permis, elle est fonction du gisement dont l'exploitation est envisagée dans l'étude de faisabilité. La surface est constituée d'un seul bloc de forme polygonale, entièrement contenu à l'intérieur du permis de recherche dont le permis d'exploitation est issu. Lorsque le permis de la mine industrielle est accordé, il confère des droits exclusifs sur le terrain, objet du permis[1].

### 3- Le permis d'exploitation des gites géothermiques, des eaux de source, des eaux minérales et thermo minérales

**176**- Les permis d'exploitation des gîtes géothermiques, des eaux de source, des eaux minérales et thermo minérales sont de droit lorsque les travaux de recherche ont démontré l'existence d'une nappe exploitable à l'intérieur du périmètre sollicité. Le captage projeté par l'exploitant doit offrir les garanties d'hygiène nécessaires. Un périmètre de protection est par ailleurs défini autour du point de captage[2].

**177**- Dans tous les cas, la procédure commence par une demande (**a**). Et les périmètres de protection du captage et de la nappe sont délimités dans chaque cas par étude conjointe des Administrations chargées des mines et de l'hygiène publique ou des personnes physiques ou morales agréées à cet effet par l'autorité compétente (**b**).

#### a- La demande du permis d'exploitation

**178**- Tout demandeur d'un permis d'exploitation d'une source d'eau, d'une eau minérale thermo minérale ou d'un gite géothermique doit adresser au Ministre chargé des mines une demande en triple exemplaire, dont l'original est timbré au tarif en vigueur, faisant connaitre :

---

[1] Article 58 alinéa 2.

[2] Article 72 decret d'application 2002.

- Les noms et prénoms du demandeur
- La circonscription administrative concernée
- Éventuellement l'expérience en la matière

**179**- A cette demande, il est joint les pièces suivantes : un extrait de la carte au 1/50 .000 e précisant l'emplacement de la source ou du gite, un état descriptif des travaux déjà exécutés ou à réaliser et programme des travaux de captage et d'aménagements projetés, des actes établissant les capacités du demandeur à assurer la protection sanitaire de la source. Pour les eaux, le demandeur doit joindre une note précisant les caractéristiques portées sur l'acte d'autorisation, le logo à faire figurer sur les bouteilles.

**180**- Dans l'hypothèse où le demandeur voudrait faire subir un traitement quelconque à une eau de source ou à une eau minérale, en plus des éléments cités ci-dessus, le dossier devrait contenir : le (s) traitement(s) que le demandeur désire faire subir à l'eau éventuellement au gaz avant la livraison au public ; les caractéristiques physiques, chimiques et bactériologiques de l'eau résultant de ce(s) traitement(s).

**181**- Au cas où le demandeur envisage un mélange d'eaux minérales et de source et éventuellement le gaz provenant de plusieurs sources de qualité différentes ou analogues, la demande comporte en outre les pièces ci-après :

- La liste des sources dont l'eau ou le gaz entre dans le mélange ;
- Les copies des actes autorisant la livraison ou l'administration des eaux de ces sources au public, l'extrait de la carte au 1/50 .000 e sur laquelle figure avec précision l'emplacement de chacune des sources ;
- La description des travaux déjà exécutés et des travaux de captage et d'aménagements projetés pour l'exploitation tant de la source que du mélange de gaz ;

une note indiquant les conditions dans lesquelles le mélange sera réalisé, les traitements que le demandeur désire faire subir soit au gaz de chaque source avant de la faire entrer dans le mélange, soit au mélange lui-même ;

- Les caractéristiques physiques et chimiques qui résulteront de ces traitements pour ledit mélange. Cette note proposera les mentions à faire figurer sur les étiquettes si les eaux doivent être mises en bouteilles ; l'engagement de ne faire subir à l'eau de chaque source et au mélange, aucun autre traitement que ceux qui seront permis par l'acte d'autorisation ; le cas échéant, la copie de tout acte établissant les possibilités dont dispose le demandeur pour assurer la protection sanitaire des sources et des installations prévues.

**b- L'autorité compétente**

**182**- Le dossier de demande du permis d'exploitation d'une eau de source, d'une eau minérale, thermo minérale ou d'un gîte géothermique est déposé complet auprès du Délégué Départemental des mines territorialement compétent qui s'assure que la demande est régulière en la forme et la transmet à son Délégué Régional. Ce dossier doit être transmis au Ministre chargé des mines dans un délai de quinze (15) jours.
(2) Passé le délai de soixante (60) jours, le silence de l'Administration chargée des Mines vaut approbation. Le permis est réputé acquis et le requérant peut démarrer ses activités[1].

**B- Le renouvellement du permis d'exploitation**

**183**- Selon le Code minier, le permis d'exploitation est octroyé pour une durée n'excédant pas 25 ans, renouvelable pour une période ou des périodes n'excédant

---

[1] Article 81 décret 2002.

pas dix ans chacune[1]. Lorsqu'il s'agit d'une petite mine, sa durée de validité est fixée à 10 ans renouvelable par période consécutive de quatre ans jusqu'à épuisement du gisement. Elle intervient le plus souvent lorsque le titulaire du permis d'exploitation, s'étant conformé à toutes les conditions du permis d'exploitation, voudrait continuer l'exploitation jusqu'à épuisement du gisement. Dans ce cas, il est tenu de fournir de fournir tout renseignement prévu par l'article 65 du décret d'application.

**184**- La demande de renouvellement d'un permis d'exploitation est adressée au Ministre chargé des mines au plus tard deux ans avant l'échéance du permis. Passé ce délai, l'exploitation est réputée s'arrêter à cette échéance et les opérations de remise en état du site doivent commencer.

### Sous-section III : Les droits et obligations des titulaires du permis d'exploitation

**185**- Seront examinés, les droits (**A**) et les obligations (**B**) du bénéficiaire du permis.

### A- Les droits du titulaire du permis d'exploitation

**186**- Ces droits sont les mêmes en ce qui concerne la petite mine et la mine industrielle. En effet, le permis d'exploitation permet au titulaire d'accéder et d'occuper le terrain, objet de la petite mine ; de construire des usines de traitement sur le terrain considéré ; de traiter les minéraux spécifiques, objet du permis d'exploitation dudit terrain ou ailleurs et déclarer les autres substances associées ; ériger toutes autres structures nécessaires pour le traitement des haldes et des résidus ; enlever et prendre des rochers, la terre et les minéraux de la terre avant ou après traitement ; prélever et utiliser l'eau située sur ou

[1] Article 48 alinéa 2 du Code minier.

coulant à travers le terrain en question, nécessaire aux opérations d'exploitation et de traitement ; mener toute autre action appropriée pour la réalisation des opérations d'exploitation ou de traitement sur le terrain considéré.

**187**- Lorsque le permis porte sur des sources thermo minérales, les eaux de source, les gites géothermiques, les eaux minérales, le titulaire dispose des droits exclusifs sur le terrain objet du permis d'exploitation. Il doit s'assurer, de concert avec les riverains, du respect et de la protection du périmètre de la nappe.

**188**- L'aménagement du périmètre de captage selon les directives des Administrations chargées des mines et de l'hygiène publique incombe à l'exploitant. Toute modification projetée au captage, à l'aménagement d'une source ou aux installations d'exploitation doit, préalablement à son exécution, être portée à la connaissance du Ministre chargé des mines pour approbation[1].

### B- Les obligations du titulaire du permis d'exploitation

**189** - Le titulaire du permis d'exploitation est tenu de commencer les travaux de développement dans un délai maximal d'un an, à compter de la notification du permis, faute de quoi il s'expose au retrait du permis après une mise en demeure restée sans suite. Pour la mine industrielle ce délai est fixé à deux ans. En ce qui concerne les travaux d'exploitation de la mine industrielle, l'investisseur minier a un délai de cinq ans pour démarrer les travaux.

**190**- Outre l'obligation de commencer les travaux et l'exploitation, le titulaire est tenu d'adresser au Ministre

[1] Article 74 *Idem*

des mines une demande d'avenant à la convention minière pour tout autres minerais associés et ne faisant pas partie du permis d'exploitation

**191**- Elle obéit à certaines exigences de formes, sous peine de nullité. En effet, la demande du permis d'exploitation est formulée sur une fiche prévue à cet effet. Elle est déposée en trois exemplaires dont l'original timbré au tarif en vigueur. Il est joint au dossier :

- Le levé topographique ;
- Des propositions du demandeur ;
- Une déclaration que la superficie du terrain a été bornée ;
- Une déclaration donnant les détails des ressources techniques et financières dont dispose le demandeur ;
- La quittance attestant le versement des droits.

**192**- Adressée au Ministre chargé des mines avant la date d'expiration du permis de recherche dont il est issu, elle est instruite par les services de l'administration chargée des mines qui disposent d'un délai de 60 jours à compter de la date d'enregistrement de la demande pour étude du dossier. Si le dossier est jugé recevable, il est transmis à l'autorité compétente qui dispose de cinq jours pour se prononcer. Comme autre exigence de forme, la demande doit indiquer la référence du permis de recherche dont dérive le permis d'exploitation sollicité, les coordonnées géographiques des sommets du périmètre délimitant la superficie requise, la période pour laquelle le permis d'exploitation est demandé. Par rapport à cette exigence, on pourrait se demander si le permis d'exploitation est la chasse gardée des seuls titulaires des permis de recherche. Le Code répond par la négative. En effet, une personne non titulaire d'un permis de recherche peut solliciter un permis d'exploitation, à la condition que cette dernière satisfasse aux conditions prévues par l'article 65 alinéa 5 du décret de 2002 le quel dispose que :

« *Lorsque la demande de permis d'exploitation présentée par une personne non titulaire d'un titre minier, le demandeur doit, en plus des éléments spécifiés dans l'alinéa 2 ci-dessus, comprendre les éléments justifiant ses raisons et ses aptitudes techniques et financières à entreprendre les opérations d'exploitation* ».

**193**- La demande peut également être formulée en vue de la modification des propositions préalablement approuvées par le Ministre Chargé des mines. Cette demande doit être motivée, c'est-à-dire, spécifier la ou les raisons pour lesquelles le titulaire sollicite la modification. Cette demande est adressée au Ministre chargé des mines, accompagné d'un programme de travaux révisé. La modification sollicitée peut inclure une extension de la validité du permis à d'autres substances que celles précisées dans la demande de permis. Après examen de la demande, le Ministre peut soit : demander à l'opérateur minier de fournir des renseignements supplémentaires ou d'amender le programme révisé ; approuver le changement de programme, refuser le changement par une notification motivée. Le titulaire du permis d'exploitation doit commencer les travaux de développement et de mise en valeur dans un délai de deux ans maximum, à compter de la date d'octroi du permis d'exploitation dérivé, faute de cela, une mise en demeure lui est notifiée par tout moyen laissant trace écrite.

**194**- Cependant l'exécution de cette obligation peut être rendue impossible par des circonstances qui empêchent l'exploitant d'exécuter son obligation. Il s'agit des évènements nouveaux qui ponctuent la vie du contrat qui peuvent avoir des incidences non négligeables[1] : rendre les obligations contenues dans le contrat difficile à

---

[1] Lauriol (Th), Raynaud (E), Le droit pétrolier et minier en Afrique, LGDJ 2016 , p.402, n° 9OO et suivants.

réaliser, ou rendre leur exécution totalement inéquitable pour l'un ou pour l'autre des exploitants. Généralement pour atténuer ou pallier les conséquences, les parties insèrent des clauses de force majeure ou de changement de circonstances. S'agissant de la force majeure, elles s'entendent d'un événement irrésistible, imprévisible extérieur à la volonté de l'un ou l'autre partie. Dans la tradition juridique inspirée du *Common Law*, la notion est simple. Elle traduit en effet un évènement sur lequel les parties n'ont pas d'emprise et que leurs efforts raisonnables n'ont pu écarter. De façon générale on peut considérer comme force majeure, la guerre, la catastrophe naturelle, les actes terroristes, une épidémie, un sabotage, ou encore des troubles civils.

**195-** Quant aux changements de circonstances, il n'est pas étonnant que l'équilibre contractuel issu de la négociation soit perturbé par un bouleversement du climat politique, social, économique, modifiant de façon radicale les attentes des parties au contrat[1]. Soucieux de tels changements les parties au moment de la conclusion du contrat peuvent insérer des clauses de renégociation[2]. Même si elles ne sont pas prévues dans la législation minière actuelle, elles peuvent figurer dans la convention minière. Les clauses de renégociation ont pour objectif, la stabilisation de l'équilibre contractuel existant lors de la conclusion du contrat. Il s'agit concrètement de modifier l'équilibre contractuel initialement convenu entre les parties. Cette modification doit correspondre à un changement fondamental de circonstance. En dehors de l'hypothèse de changement réglementaire, le changement de l'équilibre contractuel initial peut par exemple résulter

---

[1] Lauriol (Th), Raynaud (E), op.cit., p. 408.

[2] Gotanda (J), Renegociation and adaptation clauses in investment contrats, Revisited, Vand. J. Transnat L. vol. 36, p.1462.

d'un bouleversement du système monétaire international. Plus généralement, le changement de circonstances conduisant à un bouleversement de l'équilibre contractuel doit engendrer une impossibilité raisonnable de continuer à exécuter le contrat d'exploitation[1].

**196-** Outre l'obligation de commencer l'exécution des travaux, il est tenu de rendre compte de l'évolution de ces travaux. Ces rapports permettent à l'Etat de contrôler l'activité menée par l'exploitant. En effet, ce dernier est tenu de présenter des rapports sur l'évolution de ses travaux. Le contenu desdits rapports varie selon les périodes. Chaque mois calendaire à compter de la date d'attribution du permis, l'exploitant doit faire un rapport détaillé sur la quantité et la valeur des substances minérales récupérées dans un délai de trente jours suivant la fin de la période du compte-rendu. Il doit également établir un rapport annuel à partir de la date d'attribution du permis.

**197-** Ce rapport doit présenter les détails sur la production des substances minérales, les travaux de développement, les recherches et toutes informations utiles à la géologie et aux ressources minières dans le périmètre d'exploitation.

**198-** Enfin le Code minier oblige l'exploitant à présenter un rapport pour la période courant depuis la date d'attribution, jusqu'à la renonciation du permis d'exploitation ou à la date d'expiration ou du retrait du permis. Ce rapport résume tous les travaux se rapportant au permis. On pourrait tout de même s'interroger sur les garanties de fiabilité dont dispose l'Etat par rapport à ces rapports.

---

[1] Lauriol (Th), Raynaud (E), op.cit., p.409.

### Sous-section IV : Les droits d'exploitation

**199-** L'octroi d'un titre d'exploitation, en l'occurrence, d'un permis d'exploitation, d'un permis d'exploitation de petite mine, confère à son titulaire un ensemble de droits sur la mine, objet de l'exploitation. Contrairement à certaines législations minières étrangères[1], le législateur camerounais n'a pas expressément défini le régime juridique des droits d'exploitation d'ensemble de la mine. Et pourtant, il ne fait l'ombre d'aucun doute que ces droits existent, et ce, à compter de la date d'attribution du titre donnant droit à exploitation des substances minérales[2]. Dès lors, il importe de les déterminer, tout en les qualifiant, dans l'optique de compléter la compréhension du régime juridique de l'activité minière. Seulement, ce travail parait difficile en l'absence de dispositions formelles du Code minier. Les discussions restent donc ouvertes. Focalisées sur la

---

[1] C'est le cas de la législation minière Française. En effet la loi de 1810 attribuait au concessionnaire un droit de propriété sur la mine. L'acte de concession disait-elle, « donne la propriété perpétuelle de la mine, laquelle est désormais disponible et transmissible comme les autres biens », article 7. La doctrine interprétait cette disposition comme impliquant une assimilation pure et simple du droit du concessionnaire sur la mine à la propriété du droit civil. Cette assimilation a été abandonnée en raison des innovations législatives qui ont paru enlever à la concession les caractères fondamentaux de la propriété. De nos jours, l'exploitant dispose d'un droit immobilier distinct de la propriété de la surface, article 36 Code minier. Cette même solution est retenue par la République Démocratique du Congo, voir Code minier.

[2] On ne peut pas nier en effet que le titre d'exploitation confère un ensemble de droits à l'exploitant de mines, le droit subjectif étant un intérêt « juridiquement protégé ». Toute faculté reconnue par la loi à un individu constitue un droit, Planiol, Traité élémentaire de droit civil, I. n° 2595 ; Lecompte, Essai sur la notion de faculté en droit civil, thèse Paris 1930.

combinaison du droit commun avec l'esprit de la législation minière, et le contrôle qu'elle réserve à l'administration sur une activité considérée comme d'intérêt général, elles dépendront pour l'essentiel, de la dimension définitionnelle accordée à la notion de mine, considérée dans son acception stricte (**A**) et extensive (**B**).

### A- Les droits du titulaire du titre d'exploitation sur la mine stricto sensu

**200**- L'attribution d'un titre d'exploitation confère à son titulaire le droit d'exploiter le gisement, objet de l'exploitation. Même si le Code minier ne le mentionne pas expressément, ce droit s'assimile à un droit de jouissance temporaire (**A**), l'Etat étant propriétaire des gisements naturels et artificiels incorporés au sol. L'exploitant de mines est par contre propriétaire des gisements extraits, encore appelés produits, du fait de son activité **(B).**

#### 1- Un droit de jouissance temporaire sur les gisements incorporés au sol

**201**- La loi prévoit que, « les *mines sont et demeurent la propriété de l'Etat* »[1]. Qu'elles soient naturelles ou artificielles, ce droit se manifeste comme tout droit de propriété. Il est donc absolu, perpétuel, et exclusif. Cette propriété de l'Etat sur les mines, est une *propriété exclusive* en ce qu'aucune personne physique ou morale, ne peut prétendre à un quelconque droit de propriété, et l'Etat ne peut la partager avec quiconque à titre de copropriété[2]. Aussi, ce droit de propriété de l'Etat est inaliénable et imprescriptible en ce qu'aucune personne ne peut en demander l'aliénation d'une part, et

---

[1] Article 6 alinéa 2 du Code minier.

[2] Akono Minlo ( R), Reflexions sur les droits de l'exploitant de mines en droit camerounais, Revue de l'ERSUMA, septembre 2014.

que d'autre part, l'Etat ne peut pas perdre ce droit par prescription[1].

**202**- La propriété de l'Etat sur les gisements miniers s'étend à la cessation des droits miniers, c'est-à-dire, à l'expiration du permis d'exploitation ou de l'autorisation d'exploitation artisanale, à la suite du retrait, ou de la renonciation du titre donnant droit à exploitation. Pour toutes ces raisons, il ne fait l'ombre d'aucun doute que l'exploitant de mines dispose d'un droit de jouissance temporaire sur les gisements encore incorporés au sol[2].

**203**- Au regard de la classification généralement opérée par le Code civil, il s'agit sans doute d'un droit réel immobilier (**1**). Cela emporte évidemment toutes les conséquences liées à ce caractère (**2**).

### a- Le caractère réel immobilier du droit de jouissance de l'exploitant.

**204**- En effet, les gisements sont des biens, c'est-à-dire des choses qui servent à l'usage de l'homme, et permettent à celui-ci de satisfaire ses besoins. En tant que

---

[1] Il en découle qu'à la cessation du droit minier d'exploitation, les gisements naturels et artificiels reviennent à l'Etat. Autrement dit, ils retournent dans le domaine public de l'Etat. Il est important de noter que les gisements qui reviennent à l'Etat sont ceux se trouvant sur les périmètres totalement ou définitivement libres de tous droits de tiers. La conséquence du retour de ces gisements à l'Etat, propriétaire entraine que celui-ci ne peut concéder des droits miniers sur ce périmètre par le procédé normal d'attribution des droits miniers. Il ne peut que le faire par voie d'appel d'offre dans la mesure où il s'agit des gisements étudiés et documentés à partir des travaux d'exploration réalisés par des tiers, anciens titulaires des droits miniers et de carrière d'exploitation.

[2] La reconnaissance de la propriété de l'Etat sur les gisements miniers n'implique pas nécessairement que l'Etat procède lui-même à l'exploitation des mines. On peut très bien concevoir qu'il confie cette exploitation à des tiers dans des conditions précises.

tels, ils obéissent à la distinction meuble[1] et immeuble[2] établie par le Code civil[3]. Au titre de cette classification, les gisements **constituent** des biens immeubles, motif pris de ce qu'ils ont ce caractère avant l'institution du permis ou de l'autorisation d'exploitation, du fait de leur incorporation au sol, et doivent naturellement le conserver après son intervention. En l'absence de dispositions spéciales du Code minier, les gisements sont des immeubles par l'objet auxquels ils s'appliquent. Au sens du Code civil, ce sont des biens incorporels. En effet, ce texte range dans cette catégorie de biens incorporels, des droits. Rigoureusement, la nature abstraite d'un droit s'oppose à ce qu'on puisse le considérer comme un meuble ou un immeuble[4]. Mais la classification ayant une valeur générale, le Code civil y a inclus les droits, en considérant les objets sur lesquels ils portent. L'article 526, qui considère ainsi comme immeubles « l'usufruit des choses immobilières ; les servitudes ou services fonciers ; les actions qui tendent à revendiquer un immeuble » est très incomplet. En réalité, il y a lieu de considérer aussi comme immeubles incorporels, certains droits réels immobiliers[5].

---

[1] Le meuble est un bien corporel susceptible de se déplacer ou d'être déplacé.

[2] L'immeuble est toute chose caractérisée par sa fixité au sol. Et selon l'article 517 du Code civil, « Les biens sont immeubles ou par leur nature, ou par leur destination ou par l'objet auquel ils s'appliquent ».

[3] Article 516.

[4] Terré (F), Simler (Ph), Droit civil, Les biens, Précis Dalloz, 7ème édition, 2006, p.42, n° 37.

[5] On cite également, les créances immobilières, les actions immobilières. Il s'agit tant des droits réels principaux –usufruit immobilier, emphytéose, servitude-que des droits réels accessoires établis sur un immeuble pour garantir une créance-privilège, hypothèque, antichrèse ; ces droits grevant un immeuble sont

**205**- Il est donc incontestable que l'exploitant exerce un droit réel[1] sur les gisements considérés comme immeubles. En droit comparé, une certaine doctrine[2] s'est insurgée contre le caractère réel du droit de l'exploitant, en objectant qu'il s'agit d'un droit personnel, compte tenu du fait que ce droit ne s'exerce que par la permission de l'administration, et que l'Etat apparait comme débiteur de l'obligation de mettre le gisement à la disposition de l'exploitant. Cette analyse, pour pertinente qu'elle soit ne peut prospérer. En effet, le droit de l'exploitant est un droit stable, qui porte sur une chose et oblige l'Administration aussi bien que les tiers à ne rien faire qui puisse nuire à la personne qui en est activement titulaire. Ce droit place son titulaire dans une situation analogue à celle des titulaires d'un droit réel civil. C'est dans cet ordre d'idées qu'une certaine doctrine[3] a pu aussi se demander s'il n'y avait pas quelque exagération à toujours essayer de ranger le droit de l'exploitant minier dans la catégorie des droits réels, dans la mesure où un contrat intervient entre l'Etat et l'exploitant minier[4]. Ce contrat ne détruit-il pas ce caractère de réalité qui résulte du titre accordé ? A propos,

---

immobiliers, bien qu'ils soient l'accessoire d'une créance, Terré (F), Simler (Ph), op.cit., p.42, n°37

[1] On entend par droit réel, le pouvoir qu'une personne a sur une chose et permettant de retirer tout ou partie de ses utilités économiques, Charbonnier (J), Droit civil, PUF 1994, p. 263. Ce qui caractérise le droit réel c'est qu'entre le sujet et l'objet du droit, il n'y a personne pour supporter la charge d'acquisition de la valeur de la chose, personne pour réclamer la contrepartie du droit concédé, Atias ( C), Droit civil, Les Biens LITEC 7ème édition, 2007, p. 52.

[2] Russo (J), p.216.

[3] Onedieu, Le permis d'exploitation des mines, Thèse Caen 1932.

[4] Le contrat en question ici s'appelle convention minière. Selon l'article 47 du Code minier, elle est établie sur la base du dossier de demande de permis d'exploitation et conclue avant l'octroi de ce permis.

il convient de faire une distinction : pour tout ce qui a trait aux relations contractuelles de l'Etat et de l'exploitant, le droit de celui-ci est bien personnel. Pour le reste, il demeure réel. Ce qu'il faut retenir c'est qu'en pratique, la partie contractuelle est purement négative. Elle ne fait naitre à sa charge que des obligations au profit de l'Etat. Or ce dernier est un créancier particulier qui dispose de moyens spéciaux de contrainte. A cet égard, la distinction entre les droits réels et personnels perd son intérêt[1].

**206**- S'il est donc incontestable qu'il s'agit d'un droit réel, peut-on l'assimiler à un des démembrements du droit de propriété tels l'usufruit, ou l'emphytéose ? Cette tentative d'assimilation s'explique par le fait que, tous les droits réels ont été conçus à partir de la propriété, par le mécanisme de la décomposition et de la modification du contenu. Le dépeçage du droit de propriété a cependant abouti à diviser entre plusieurs personnes le pouvoir qui, dans son entier est celui du propriétaire. Et les droits réels qui en découlent sont opportunément rapprochés par l'article 543 du Code civil de la propriété qui dispose qu'« *on peut avoir sur les biens, ou un droit de propriété ou un simple droit de jouissance, ou seulement des services fonciers à prétendre* ». Ainsi, on pourrait être tenté d'assimiler le droit réel de l'exploitant sur les gisements, à l'usufruit et surtout, à l'emphytéose. Mais on déchanterait rapidement, car rendu à l'évidence, il en diffère par les modes de constitution et d'extinction. En outre, le caractère de ces démembrements du droit de propriété est d'astreindre leur titulaire à conserver la substance de la chose dont ils jouissent, alors que l'exploitant de mine la détruit chaque jour de sorte que bien avant l'expiration de son titre, son droit peut se retrouver n'avoir plus d'assiette. Pour ce qui est du cas

[1] Russo (J), op.cit. , p.217.

particulier de l'emphytéose, le bail minier s'appelle amodiation, et on ne saurait assimiler à un bail, un acte dont l'effet serait de consommer la chose louée.

**207**- A défaut de ranger le droit immobilier dans l'une de ces catégories, peut-on conclure qu'il s'agit d'un droit réel de nature administrative, tel qu'envisagé par la doctrine[1] ? Et qui permet de concilier la précarité inhérente à un droit de nature administrative, avec une certaine [2]stabilité nécessaire aux situations économiques. En effet, le droit réel administratif permet à son titulaire de bénéficier de l'exclusivité tant au regard de l'administration que des tiers dans des conditions voisines du droit civil. Même vis-à-vis de l'administration, celui-ci jouit de garanties légales et d'une situation stable dont la précarité ne se manifeste que par la limitation de sa durée et la possibilité de révocation dans des cas limités.

**208**- A notre avis, il serait osé de tenter une catégorisation précise du droit immobilier de l'exploitant. Il s'agit donc d'un droit réel immobilier *innommé* sui generis, qu'on pourrait rapprocher d'un usufruit élargi, l'exploitant n'étant pas obligé de conserver la substance de la mine. Mais tout ce dont on est certain, c'est qu'il s'agit d'un simple droit de jouissance précaire, n'obéissant à aucune classification juridique précise dans l'énumération des droits réels du Code civil, en raison des spécificités qui émaillent la matière. C'est d'ailleurs l'avis d'une certaine jurisprudence étrangère[3], lorsqu'elle affirme à propos d'une espèce que, « *le tribunal estime avec ce dernier que le droit réel que constitue la concession*

---

[1] Hauriou, Précis de droit administratif, 1933, p.862 ; Rigaud, thèse Toulouse 1914.

[2] Akono Minlo (R), Réflexions sur les droits de l'exploitant de mines en droit camerounais, Revue ERSUMA 2014.

[3] Tribunal de Première Instance de luluabourg, 3/4/1958, JTO n° 99, p.130.

*minière est un droit sui generis consistant en un démembrement du droit de propriété que la Colonie s'est attribué sur les mines (art. 1 du décret du 24 sept. 1937) ; que ce droit sui generis peut s'analyser en un usufruit élargi d'une part, puisque le concessionnaire n'est pas obligé de conserver la substance de la mine (art. 82, 3°, a, décret du 24 sept. 1937) et ne doit en conséquence donner aucune caution, restreint d'autre part, puisqu'il ne porte que sur les substances concédées (art. 66) ; Que la concession qui autorise l'exploitation a d'autre part été définie par M. Halewyck « L'octroi par l'autorité publique... d'un droit particulier d'usage sur les objets du domaine public ; ... ».* Aujourd'hui en République Démocratique du Congo, les choses sont beaucoup plus précises. En effet, le législateur minier congolais a érigé les droits miniers et des carrières en droits réels immobiliers. De ce fait, les opérations portant sur les droits miniers telles que les mutations, les amodiations et les sûretés sur les droits miniers et des carrières sont des transactions immobilières. Cette même solution est appliquée en droit Français dans la mesure où, l'institution d'un permis ou d'une concession crée en faveur de l'exploitant un droit immobilier. Dans ce dernier les cas, il s'agit d'un simple rappel, parce que dans le Code minier français, la nature juridique de ce droit découle du caractère immobilier reconnu à la mine[1].

**209**- Quoi qu'il en soit, le droit de l'exploitant est un droit réel immobilier. Ce caractère découle de la nature immobilière des gisements, du fait de leur incorporation au sol. Reconnu titulaire d'un tel droit, l'exploitant disposera à coût sûr, de prérogatives inhérentes qui en découlent.

[1] Article 24 Code minier Français.

### b- Les conséquences attachées à la nature du droit sur les gisements

**210**- En dehors du fait que le droit du titulaire du titre d'exploitation est cessible et transmissible[1], ce qui est d'ailleurs de l'essence même d'un droit patrimonial, l'exploitant de mine disposera le cas échéant d'un droit de préférence et d'un droit de suite. Il pourra également en constituer un usufruit, et même l'amodier.

- **La possibilité pour l'exploitant de mines de se prévaloir du droit de suite et du droit de préférence**

**211**- La conséquence principale du caractère de droit réel immobilier dont est titulaire l'exploitant de mine implique qu'il disposera d'un droit de suite en ce qu'il permet de poursuivre les substances minérales ayant le caractère des produits marchands pour lesquels il a droit. Il dispose également d'un droit de préférence qui lui permet, en cas de mise en concours avec d'autres personnes, qu'il soit désintéressé le premier[2]. En droit comparé, le tribunal de Luluabourg avait jugé que les substances précieuses provenant d'un gisement concédé appartiennent au propriétaire même sans leur extraction. Appliquant ainsi aux mines le principe selon lesquels les fruits naturels sont censés être perçus même avant leur enlèvement, ce tribunal estimait qu'en cas d'extraction frauduleuse, ces substances appartiennent au concessionnaire et doivent lui être restituées et non à l'Etat, propriétaire des mines. « *Attendu qu'il reste à vérifier si, en droit, il suffit à la*

---

[1] Les transactions portant sur les titres miniers en droit camerounais obéissent à des conditions particulières, notamment celles inhérentes à l'approbation du Ministre en charge des mines, article 20 (nouveau) du Code minier.

[2] Sur les développements relatifs au droit de suite et de préférence, lire, Terré (F), Simler (Ph), op.cit., Atias ©, Droit civil, les Biens, op.cit.

*partie civile d'établir que des pierres ne peuvent provenir que de l'une de ses concessions, pour qu'il soit reconnu ipso facto leur propriété, ou si, au contraire, la preuve de la propriété ne peut résulter que de la preuve supplémentaire d'une appréhension effective au cours de travaux d'exploitation ; si, en d'autres termes, la partie lésée par un vol de diamants dans une concession, mais en dehors d'un chantier d'exploitation, est la Colonie, propriétaire des mines, ou la société titulaire d'un permis d'exploitation* »[1]. A la suite de cette décision, le législateur congolais a confirmé le droit de suite du titulaire du droit minier ou de carrière d'exploitation en ce qui concerne les substances minérales extraites illicitement dans le périmètre couvert par lesdits droits[2].

**212**- Quant au droit de préférence, il tient à la priorité qu'il confère sur la chose. Si par exemple, plusieurs personnes ont simultanément, des prétentions à faire valoir sur une chose, deux s'en prétendent propriétaires, une troisième affirme être titulaire d'un usufruit ; une dernière est un créancier qui tente de la saisir, le titulaire du premier droit réel transmis et publié l'emporte sur tous les autres : il est préféré à ses concurrents, parce qu'il est titulaire d'un droit réel[3]. Parce qu'il bénéficie d'un droit de suite et de préférence, l'exploitant de mine sera protégé par les actions possessoires. En effet, même si l'exploitant minier n'est pas propriétaire il a, du moins une situation de fait qui mérite protection : sa protection, pour peu qu'elle se prolonge pendant quelque temps, suffit à le rendre plus

---

[1] Tribunal de Luluabourg, ¾ 1958, JTO, n°99/9/1958, p.130.

[2] L'article 29 du Code minier congolais dispose que « les substances minérales extraites illicitement sont saisies et leur confiscation est prononcée au profit de l'Etat ou du titulaire du droit minier ou de carrière d'exploitation »

[3] Atias ©, Droit civil, Les biens, LITEC 7ème édition, 2007, p.60.

digne d'intérêt que le tiers qui viendrait la troubler et qui, du même coup, troublerait la paix publique. L'action possessoire lui procure un moyen de défense sans qu'il soit tenté de recourir à des voies de fait. Ces considérations sont si fortes qu'elles justifient l'exercice possessoire même à l'encontre du véritable titulaire du droit.

**213** - En outre, le tribunal compétent pour connaitre des litiges avec les tiers qui est le tribunal judiciaire et non administratif, sera celui de l'exploitation, c'est-à-dire du lieu de l'immeuble, et non celui du défendeur. Les règles relatives à la saisie immobilière sont également applicables. En ce cas, les produits extraits qui se trouveront sur le carreau de la mine seront immobilisés. C'est dire que le titulaire d'un droit réel quelconque peut suivre la chose qui lui appartient ou qui est grevée d'un droit en sa faveur[1].

- **Le droit de l'exploitant, un droit susceptible d'usufruit**

**214-** En l'absence d'un texte formel, on peut admettre que l'usufruit peut être constitué sur le droit de l'exploitant minier. Comme dans tout autre droit immobilier, ce sont les règles générales du droit civil qui s'appliqueront. En effet, d'après le Code civil, l'usufruit « ... peut être établi sur toute espèce de biens meubles ou immeubles »[2]. Une particularité existe cependant en raison même de la matière, l'exploitant n'étant pas tenu, contrairement à l'usufruitier d'un bien quelconque, de conserver la substance de la chose. Ainsi l'usufruitier jouit de tous les droits de l'exploitant à charge de se conformer aux règles de l'art. Il supporte toutes les charges de

---

[1] Terré (F), Simler (P), Droit civil, Les Biens, Dalloz 7ème édition, 2006

[2] Article 581 du Code civil applicable au Cameroun.

l'exploitation et doit entretenir les installations. Il n'est pas tenu de conduire l'installation dans les mêmes limites que le titulaire du permis ou de l'autorisation de l'exploitation. Il peut développer l'extraction à condition de s'abstenir d'extraction immodérée[1].

**215**- Cependant, par extension des principes du Code civil, on admet qu'un usufruit ne peut être constitué que si la mine est en exploitation à la date de sa constitution. C'est du moins une argumentation tirée du Code civil, dont l'article 598 dispose que « *l'usufruitier jouit de la même manière que le propriétaire des mines et des carrières qui sont en exploitation à l'ouverture de l'usufruit ; et néanmoins, s'il s'agit d'une exploitation qui ne puisse être faite sans une concession, l'usufruitier ne pourra en jouir qu'après en avoir obtenu la permission du Président de la République* ». Il a été admis en droit comparé que de simples travaux ne suffiraient pas[2], mais que des travaux préparatoires suffisamment importants pour établir l'intention d'exploiter seront pris en considération même si l'extraction n'a pas encore commencé. Inversement, une jurisprudence[3] a admis que l'usufruitier ne pourrait reprendre l'exploitation d'une mine si elle avait été définitivement arrêtée. Cette position se justifie dans la mesure où la fermeture d'une mine entraine logiquement l'arrêt de toutes les opérations liées à l'exploitation[4].

---

[1] Bury, Traité de la législation des mines en France et en Belgique, Paris, 1877, vol. 2, n° 1318.

[2] Lyon 24 mai 1853, D.2-357

[3] Bordeaux 10 mars 1865, S. 1866-2-7

[4] Lévy (D), Evolution et problèmes actuels du droit minier, Revue du Droit public et de la Science Politique en France et à l'Etranger, 98$^{\text{ème}}$ année, 1982, p. 5-6.

- **Le droit de l'exploitant, un droit amodiable**

**216-** Même si le Code minier camerounais ne l'a pas expressément mentionné, le droit de l'exploitant sur les gisements peut être amodié. L'amodiation est le contrat de location d'une mine. Contrairement à ce qui se passe dans le cas du bail d'un domaine rural, l'exploitation des mines porte sur des produits qui ne se renouvellent pas, et elle a pour effet la destruction de la chose louée. En droit français, la jurisprudence qui reconnaissait autrefois à cette convention le caractère d'un bail auquel elle emprunte cependant la plupart de ces traits[1], est longtemps fixée pour voir une vente de matériaux considérée dans leur état futur du fait de leur séparation du sol comme meubles par anticipation[2]. Cette convention conserve ce caractère alors même qu'elle aurait été qualifiée de bail par les parties[3]. Cependant, certains tribunaux admettent des restrictions contradictoires avec cette opinion. En raison du caractère immobilier du droit de l'exploitant, ils ont jugé que la capacité requise pour conclure un tel contrat est celle exigée pour des aliénations immobilières. Ils admettent aussi que vis-à-vis des tiers, la cession conserve une nature réelle et immobilière, et que la convention pour leur être opposable, doit avoir été transcrite[4]. Ces restrictions, d'après une certaine doctrine[5], sont dictées pour des raisons évidentes d'intérêt pratique. Et n'en sont pas moins contradictoires avec la théorie qui voit dans l'amodiation une vente de matériaux. Mais celle-ci par ailleurs est loin d'être pleinement satisfaisante. L'amodiataire, en effet, possède une sorte de dominium

[1] Req. 20 décembre 1837 ; Paris 24 juin 1885, D P 87-1-79
[2] Req. 11 janvier 1843, S 1843-1317
[3] Cass. 12 janvier 1954, JCP 1954-II-8026
[4] Montpellier 23 octobre 1922, S. 1963-2-1
[5] Russo (J), op.cit., p. 227

utile, mais comme il est tenu au paiement d'une rente en faveur du titulaire du titre, on peut dire que celui-ci conserve sur la mine une sorte de dominium directum.

**217**- Ainsi donc, la doctrine a essayé de concilier les idées de bail et de vente mobilière. D'après certains auteurs, l'amodiation serait un contrat intermédiaire, le « contrat d'amodiation de l'ancien droit », dans lequel le paiement en nature a été remplacé par un paiement en espèces, celui-ci provenant des produits extraits par le locataire, puis accepté forfaitairement par le bailleur[1]. Une autre tendance[2], y voit donc un contrat double, comportant un bail permettant l'occupation de la surface, et la vente de produits à extraire, ce dernier constituant l'élément accessoire. Le plus juste est d'y voir un bail sui generis participant à la fois de l'un et de l'autre[3]. On admet en général qu'il peut se rapprocher de l'un ou de l'autre des contrats civils, suivants les circonstances de la cause. C'est au juge de les apprécier. Ils devront dans chaque cas rechercher qu'elle a été l'intention des parties. Dans tous les cas, le locataire de la mine ne sera, au regard de l'Administration qu'un entrepreneur de l'exploitant agissant pour son compte et son nom. Le titulaire d'un titre sera seul responsable vis-à-vis de l'Etat de l'accomplissement des obligations qu'il entraine, et notamment le paiement des redevances.

**218**- En somme, l'exploitant est titulaire d'un droit réel immobilier sur les substances minérales encore incorporés au sol. Il s'agit d'un simple droit de jouissance de nature précaire, mais dont les conséquences sont non négligeables. Les choses sont cependant différentes

---

[1] Cheminais, Revue de l'industrie minérale, 1919-314.
[2] Ripert (G), Dalloz 1923 - 2-97
[3] Lyon 29 juin 1855, D P. 1855-2-351

s'agissant des substances extraites, dont l'exploitant est propriétaire.

### 2- Un droit de propriété sur les gisements extraits du fait de l'exploitation.

**219-** Les gites minéraux, naturels ou artificiels, qui deviennent des gisements naturels ou artificiels lorsqu'ils sont susceptibles d'être exploités de manière rentable dans les conditions économiques du moment, sont incontestablement des biens appartenant à l'Etat. Mais ce dernier n'est pas propriétaire des produits extraits du fait de l'exploitation. Même si aucune disposition du Code minier ne le mentionne expressément, ces produits appartiennent à l'exploitant de mines. La propriété dont il s'agit ici est mobilière. En effet, les matières extraites, approvisionnement, et autres objets, sont des meubles par nature. Ce caractère mobilier qui découle du Code civil[1], s'explique tout simplement par le fait que, les produits extraits qui avaient le caractère immobilier quand ils étaient incorporés au sol deviennent meubles après être séparés, même s'ils sont encore demeurés à l'intérieur de la mine.

**220-** Le droit d'exploitation entraine logiquement celui de disposer librement des produits extraits du gite. Sauf restriction expresse des textes, l'exploitant minier dispose sur ces produits, un droit de propriété absolu. C'est dans ce sens qu'il peut librement les commercialiser. En effet, ce qui caractérise l'exploitation, c'est qu'elle est entreprise en vue d'extraire les produits et de les vendre. L'Administration ne saurait pour quelque motif que ce soit, user de ses pouvoirs pour s'immiscer dans la fixation des prix ou dans le commerce, la vente et la répartition des produits miniers. En France, la jurisprudence a eu

[1] Article 528 du Code civil.

plusieurs fois l'occasion de tirer les conclusions logiques de cette liberté commerciale. C'est dans ce sens qu'a été annulée, une décision du préfet de la Loire enjoignant à tous les concessionnaires de mines de houille de son Département de livrer leurs combustibles à tous les utilisateurs sur le carreau des mines, sans tour de faveur, et à des conditions égales[1]. De même qu'a été annulé par le Conseil d'Etat, un arrêté préfectoral obligeant un groupe de concessionnaires à fournir annuellement à une usine voisine, moyennant un prix fixé par expert, une certaine quantité de leurs produits[2]. D'autres procédés d'intervention de l'Administration ont été utilisés. Elle a tenté, par l'intermédiaire de la fixation des redevances tréfoncières, d'assujettir à des obligations économiques, les titulaires de concessions portant sur le domaine des collectivités publiques et notamment des communes[3].

**221**- A notre avis, il faut sauvegarder la liberté commerciale de l'entreprise minière, tout en prenant certaines précautions pour éviter les abus. C'est ce qui a justifié en France, la technique des engagements contractuels à un moment donné. Elle a consisté à insérer dans les cahiers de charges des procédés qui permettaient de modifier les textes généraux, d'obtenir par voie de discussions avec les intéressés, certaines garanties quant à la l'utilisation future de leur production. Par ailleurs, les impératifs de la politique économique ont motivé l'apparition de dispositions spéciales de nature règlementaire, réservant à l'administration un droit général de contrôle sur la production extraite des gisements

---

[1] Lyon 3 juillet 1873, D.P 1874-2-195. Dans le même sens, Req., 24 novembre 1874, D.P. ; 1876-1-135.

[2] C.E., 10 juin 1857, D.P. ; 1858-3-41

[3] Repertoire pratique Dalloz, Mines, n° 192

d'hydrocarbures[1]. Au Cameroun, le Code minier[2] fait obligation au demandeur du titre d'exploitation, d'accompagner la demande du permis d'exploitation, d'un plan relatif à la commercialisation des produits. Ce plan contient d'ailleurs les points de vente envisageables, les plans, les conditions de vente et les prix[3].

**222**- Outre la commercialisation, le titulaire du permis peut également se livrer à des actes de traitements[4] et à des transformations[5]. Il en est de même, du titulaire de l'autorisation d'exploitation artisanale, cette activité étant par essence destinée aux besoins de la famille, l'artisan minier doit pouvoir transformer les substances minérales issues de son activité. De même, l'exploitant dispose aussi au titre de ses prérogatives, d'un droit de préférence et d'un droit de suite exercé sur les gisements lorsque l'extraction a été faite de manière illicite par un tiers. S'agissant de cette dernière prérogative, en droit comparé, notamment en République Démocratique du Congo, à propos de l'exercice du droit de suite sur les substances minérales extraites illicitement dans le périmètre couvert par les droits miniers d'exploitation, le tribunal de Première Instance de Luluabourg a annulé la décision contraire du tribunal de District du Kasaï datant du 06 mars 1956, qui refusait la restitution des diamants volés

[1] Russo, op.cit., p.427.

[2] Article 65 du décret d'application de 2002.

[3] Même si le Code minier ne le dit pas, la vente des produits devrait être orientée vers les négociants, les boursiers, les comptoirs, et les artistes agrées par le ministère de la culture.

[4] Le traitement des substances minérales est un procédé minéralogique qui aboutit à l'obtention d'une substance minérale commercialisable à partir des minerais extraits.

[5] Par transformation, on entend, tout procédé industriel qui consiste à changer la forme et la nature d'une substance minérale traitée et à en obtenir les produits finis ou semi-finis, commercialisables.

et saisis à la société concessionnaire pour les attribuer à l'Etat. En effet selon la décision du tribunal de première instance, le permis d'exploitation octroie à son titulaire un droit exclusif d'extraction. Celui-ci est un droit réel qui emporte le droit de suite permettant au concessionnaire de revendiquer toute substance minérale dont l'extraction est autorisée par son permis en quelques mains qu'elle se trouve. Le juge motivait ainsi sa décision en ces termes : « *Attendu que le législateur ayant opté pour le système de la domanialité des mines, propriété distincte de la surface, les substances de la mine appartiennent, en principe, à la colonie ; Attendu que la colonie s'est toutefois réservée le droit de déroger à cette règle, qu'elle le fait notamment lorsque sans accorder le droit de propriété sur la mine, elle accorde un permis d'exploitation que le législateur a érigé en droit réel ; Attendu que dès l'instant où le titulaire de ce droit réel peut prouver que des substances ont été extraites de la mine, qu'en vertu de son permis d'exploitation, il peut seul extraire, il exercera sur ces substances son droit de suite, nonobstant le fait qu'il ne peut être considéré comme le propriétaire de la mine* ». Le droit de suite, est opposable à tous et, notamment à tout acquéreur, indépendamment de sa bonne ou mauvaise foi. Il est accordé aux personnes titulaires d'un droit réel. Ce droit est attaché à un bien, et non à la personne propriétaire ou possesseur de ce bien. Quelle que soit la nature juridique de son droit sur le gisement, le titulaire du titre d'exploitation possède dès lors que les produits ont été appréhendés que ce soit par lui-même ou par un tiers, un droit de propriété absolu.

**223**- Les produits extraits étant la propriété de l'exploitant de mine, on peut cependant se demander s'ils constituent des fruits de la mine, ou s'ils en représentent une partie que l'extraction enlève et supprime, ou s'ils en représentent une partie aliquote que l'extraction enlève et supprime. Les principes généraux de droit semblent s'opposer à ce qu'on leur reconnaisse la qualité de fruits puisqu'ils ne peuvent se reproduire et que la substance de la chose est détruite. Il en résulterait que les actes d'exploitation d'une mine seraient des actes de disposition et non d'administration, ce qui ne pourrait se concevoir[1]. En réalité, la question n'a jamais été tranchée ni dans un sens ni dans un autre. En effet, les produits de la mine ne présentent que certains caractères seulement des fruits ordinaires, et ceux-ci sont la conséquence de la distinction qui peut être établie entre la mine et ce que l'on en extrait. Mais quoi qu'il en soit, les produits extraits peuvent faire l'objet d'une saisie mobilière, conformément au droit commun, précisément, l'acte uniforme OHADA, portant sur les voies d'exécution et procédures de distribution.

**224**- En somme, le droit de l'exploitant sur la mine stricto sensu est ambivalent. Il diffère selon qu'il est exercé sur les gisements, ou sur les produits et autres objets extraits. Les choses sont cependant plus simples lorsqu'il s'agit des extensions de la mine à savoir, les installations, constructions, et industries érigées pour les besoins d'exploitation.

### B- Les droits du titulaire sur les dépendances ou installations

**225**- Alors que l'Etat camerounais est propriétaire des gisements miniers naturels et artificiels, aucune disposition de la réglementation, ne semble cependant étendre cette propriété aux différentes installations, constructions, et industries érigées pour les besoins de son exploitation. En ce qui concerne l'exploitant de mines, tant que son titre d'exploitation est maintenu en validité, il jouit de tous les biens situés dans le périmètre jusqu'à la

---

[1] Russo, op.cit., p. 342.

cessation de son droit. Seulement la question du sort de ces biens à la fin de l'exploitation demeure **(1)**. Mais avant de la résoudre, il convient de les classer **(2).**

### 1- La nature juridique des dépendances érigées pour les besoins de l'exploitation

**226-** Il s'agira de classer les installations, constructions, et industries mises en place par l'exploitant, selon la distinction meubles et immeubles généralement opérée par le Code civil[1], en l'absence des dispositions particulières du Code minier. Mais avant d'y arriver, il faudra les identifier. Les installations indispensables à l'exploitation de la mine désignent en réalité ce qu'on appelle « dépendances légales », c'est-à-dire l'ensemble des ouvrages qui se rattachent à la mine par un lien nécessaire et indivisible. Ces ouvrages renvoient en réalité à l'usine d'exploitation[2]. L'usine comprend, les bâtiments, les différentes installations, usines, appareils, équipements, outils ou autres biens de toute nature, fixés ou non sur la terre. Il s'agit de manière concrète des dépendances immédiates à l'exploitation de la mine, de ce qui est exigé pour la conduite des travaux, c'est-à-dire le matériel complexe et considérable que nécessite l'orifice d'un puits ou d'une galerie[3], l'ensemble des galeries et machines, ateliers, magasins, entrepôts, services centraux

---

1- Selon l'article 516 du Code civil, « tous les biens sont meubles ou immeubles ». Cette distinction est d'abord fondée sur un critère physique. Mais elle fait aussi intervenir la valeur. Ceci explique précisément que la classification sera étendue aux choses incorporelles, c'est-à-dire aux droits eux-mêmes, de telle sorte que tous les biens se divisent en biens meubles et immeubles, Térré (F), Simler (Ph), Droit civil, Les biens, Térré (F), Simler (Ph), op.cit., p. 34

2 Article 2 (nouveau) du Code minier

3 Russo (J), op.cit., p. 276.

de la mine, dont toute l'extraction entraine l'érection, y compris ce qui est nécessaire à leur mise en place et à leur fonctionnement.

**227** - En réalité, il est difficile en pratique, de concilier les droits des propriétaires du sol avec l'extension que l'aménagement moderne des entreprises donne nécessairement à ces installations. Mais la mise en valeur rationnelle d'un gisement ne nécessite pas seulement l'accomplissement d'actes d'exploitation. En effet, l'exploitation nécessite également l'exécution des travaux accessoires qui entrent dans les objets de la police des mines. C'est par là que pourrait s'expliquer les installations de secours, comme les puits et galeries destinés à faciliter l'aérage et l'écoulement des eaux[1], et l'ensemble des ouvrages que l'exploitant érige dans le but de sauvegarder la sécurité publique, et la mine, et de garantir la sureté des ouvriers[2]. Cependant, en France, la jurisprudence refuse d'assimiler à ces installations de secours, l'installation d'une usine hydro-électrique destinée à procurer à meilleur compte, l'énergie nécessaire à l'épuisement des eaux d'une mine[3].

**228**- On dénombre également dans la corbeille des biens affectés à l'exploitation, les installations d'habitation et autres à caractère social. Des ateliers de préparation, de lavage et de concentration de combustibles et minerais extraits de la mine. Dans ce dernier cas, il s'agit des installations nécessaires aux premières manipulations des produits bruts, qui sont destinées à les amener à ce premier état à partir duquel ils peuvent constituer un produit utilisable et marchand. De même que les installations destinées au stockage et à la mise en dépôt des produits et

---

[1] Nancy 27 juin 1868, S. 69-2-7.

[2] CE, avis du 11 novembre 1885, Ann.Mines , 1885-315.

[3] CE, 6 décembre 1912, Cie des Houlières d'Alun, R 1167.

déchets qui proviennent des travaux d'exploitation proprement dits, que des opérations accessoires auxquelles ils peuvent donner lieu.

**229-** Il faut ajouter à ces installations, les différentes constructions érigées par l'exploitant minier dans le but de loger ses ouvriers. En effet, pour des besoins d'efficacité dans le travail, l'exploitant peut construire des habitations pour le compte de ses ouvriers. Ces bâtiments font partie intégrante de la mine, puisqu'ils existent par rapport à l'exploitation minière. Quoi qu'il en soit, les différentes installations et constructions, constituent soit des immeubles, soit des meubles. Au titre des immeubles, il ne saurait en aucun cas s'agir des immeubles par destination, l'exploitant n'étant ni propriétaire du terrain, même lorsque les travaux ne sont pas d'utilité publique, ni propriétaire des gisements incorporés au sol. S'agissant de la propriété du sol, l'entrée en vigueur de la convention minière n'opère pas un transfert de propriété sur les parcelles de terrains, mais plutôt un simple droit de jouissance en faveur de l'exploitant. C'est d'ailleurs ce qui explique l'indemnité d'occupation dont il est tenu envers le propriétaire du sol, ou du détenteur foncier coutumier ou d'occupation[1]. Pour ce qui est des gisements, nous avons relevé plus haut qu'ils appartiennent à l'Etat en vertu des dispositions du Code minier. L'hypothèse de l'immeuble par destination étant écartée, il s'agit certainement des immeubles par nature qui ont le sol pour assise.

---

[1] Les droits fonciers coutumiers sont ceux reconnus aux collectivités coutumières ou de leurs membres qui au 05 aout 1974 occupent ou exploitent paisiblement les dépendances de la première catégorie prévue à l'article 15 de l'ordonnance n°74-1 du 6 juillet 1974 fixant régime foncier.

**230**- En dehors des immeubles, on dénombre aussi dans cette large assiette d'installations et de constructions, des biens meubles. Il s'agit des biens meubles par nature, c'est-à-dire des biens corporels susceptibles de se déplacer ou d'être déplacés, à l'instar les voitures, des machines, utilisées dans le transport des substances et du matériel destiné à l'exploitation. Bref, tous les objets mobiliers, en vue de l'exploitation. En somme, les installations, constructions et industries constituent des biens mobiliers et immobiliers. La conséquence de cette catégorisation, est que l'exploitant dispose d'un droit de suite et de préférence au sens du droit commun. Ces biens peuvent également faire l'objet d'une saisie. Dans ce cas, les règles prévues par l'acte Uniforme portant sur les voies d'exécution et des procédures de distribution du traité OHADA[1] seront applicables. Mais quelle est la dimension temporelle du droit de l'exploitant de mines sur les dépendances ?

### 2- Le sort des installations à la cessation des droits miniers et des carrières

**231**- La question du sort des biens à la cessation des droits miniers[2] trouve tout son intérêt dans la mesure où certaines législations étrangères avaient déjà adopté des dispositions attribuant la propriété des installations à l'Etat, à l'expiration du titre minier. C'est le cas par exemple de la législation minière applicable dans l'ex

---

[1] Organisation pour L'harmonisation en Afrique du Droit des Affaires.

[2] L'exploitation minière peut prendre fin de plusieurs manières. De manière normale, c'est-à-dire à l'expiration du titre minier. Elle peut aussi cesser parce que l'administration en a décidé ainsi. C'est le cas par exemple du retrait, de l'annulation du titre minier. Aussi, le titulaire du titre d'exploitation peut décider de mettre terme à l'activité avant l'expiration du délai prévu par le titre minier, on parlera dans ce cas de la renonciation du titre minier.

Zaïre. En effet, sous l'empire de l'ordonnance-loi n° 81-013 du 02 avril 1981 sur la législation générale sur les mines et les hydrocarbures, à l'expiration normale d'un permis d'exploitation, sans renouvellement ou transformation, en cas d'annulation ou de renonciation, les terrains concernés sont libérés de tous droits en résultant. L'Etat ne s'arrogeait pas le droit de se subroger ou de racheter, s'il le désirait, les installations et infrastructures minières et autres industries qui s'y rattachent[1]. Par contre, à l'expiration normale d'une concession ou en cas de renonciation par le titulaire de ses droits au cours de la première période de validité, les terrains concernés étaient, comme en cas d'expiration normale d'un permis d'exploitation, sans renouvellement ou transformation, en cas d'annulation ou de renonciation, libérés de tous droits en résultant.

**232-** Cependant, l'Etat se subrogeait de plein droit aux meubles et immeubles réels et autres du titulaire, relatifs notamment aux bâtiments, ouvrages, machines, appareils et engins de toute nature servant directement ou indirectement à l'extraction et à la préparation mécanique, chimique ou autre des minerais. L'Etat pouvait également, s'il le désirait, racheter au concessionnaire, suivant les règles et les usages commerciaux en vigueur en Ex- Zaïre, tout ou partie des autres biens ce celui-ci, tels que les installations industrielles, les constructions et aménagements immobiliers[2]. Cependant, la Colonie

---

[1]Article 28 littera a de l'ordonnance-loi n° 81-013 du 02 avril 1981.

[2] Il faudra encore rappeler que sous le décret du 24 septembre 1937 sur les mines au congo-belge et au Ruanda-Urundi, La reprise par l'Etat du terrain concédé et des droits meubles et immeubles qui y sont attachés à l'expiration du permis d'exploitation ou de la concession se faisait gratuitement. L'Etat colonial entrait gratuitement en possession des installations servant directement ou indirectement à l'extraction et à la préparation mécanique, métallurgique ou chimique des minerais

recevait, contre paiement, les approvisionnements en pièces de rechange et matériels suffisant pour assurer la continuation de l'exploitation parce qu'il s'agissait des propriétés mobilières de l'exploitant. A ce sujet, il ressort du rapport du Conseil colonial sur le décret du 24 septembre 1937 que « *Ce que la Colonie a le droit de revendiquer à titre gratuit outre les installations servant à l'extraction, ce sont les ateliers et chantiers de préparation mécanique destinés à l'enrichissement et qui lui permettront de vendre les produits ou bien sur place ou à l'exportation. Si une usine de traitement métallurgique se rencontrait à proximité d'une mine de ce genre devenue la propriété de la Colonie, celle-ci y trouverait un débouché pour ses minerais enrichis. Elle pourra d'ailleurs se rendre propriétaire d'une usine de traitement métallurgique, mais à titre onéreux* (…). *L'exploitation du gisement qui est entré en la possession de la Colonie doit pouvoir se poursuivre sans interruption et, pour cela, les installations d'extraction et d'enrichissement seules ne suffisent pas ; il faut encore qu'elle puisse utiliser des approvisionnements, des pièces de rechange et autre matériel qui constituent le fonds de roulement de toute entreprise minière, mais ce fonds de roulement est une propriété mobilière de l'exploitant ; la Colonie en pourra exiger la cession, mais en indemnisant l'exploitant à dire d'expert* ». Cette décision se justifie dans la mesure où à cette époque, l'exploitation des substances minérales par les puissances coloniales était régie par le fameux principe dit du « droit du pillage des ressources minérales »[1].

---

ainsi que des usines de broyage, de concentration ou de toute autre transformation des minerais dans la mesure où ces usines sont nécessaires pour rendre les produits vendables ORBAN (P), Droit minier du Congo-belge, Bruxelles, Bruylant, 1938, p. 94.

[1] Lire à cet effet, Rosenberg (D), Le principe de souveraineté des Etats sur leurs ressources naturelles LGDJ, Paris 1983.

Actuellement, l'Etat congolais ne s'est pas arrogé, comme dans le passé, le droit aux installations minières, et autres actifs immobiliers se trouvant dans le périmètre. Ces biens appartiennent à l'exploitant minier.

**233**- En France, sous l'empire de la loi de 1919, le retour de la mine à l'Etat à la fin de la concession, avait nécessité l'institution d'un système complexe destiné à éviter les abus et à préparer la reprise future de l'exploitation par un organisme public. Ce retour concernait outre, la mine elle-même, les dépendances, c'est-à-dire les terrains, les bâtiments et l'ensemble des machines servant à l'exploitation. Il portait également sur les installations et le matériel servant aux opérations commerciales et industrielles consécutives et accessoires à celle-ci[1]. L'Etat pouvait également racheter les matières extraites, les objets mobiliers et les autres installations immobilières. Avec la réforme de 1955, les mines des substances autres que les hydrocarbures ont cessé de revenir périodiquement à la collectivité. Et pour toutes les substances, le système de retour automatique et direct a été écarté en cas de déchéance du concessionnaire.

**234**- Au Cameroun, à l'image du flou juridique qui persiste dans la résolution des problèmes miniers, le législateur a gardé le silence sur le sort des installations à la cessation des droits miniers. Cette question sera donc réglée à la lumière du droit commun. Il convient de distinguer pour cela le cas où les travaux d'exploitation ont été déclarés d'utilité publique ou non. Dans la première hypothèse, les biens reviennent à l'Etat, l'exploitant de mines jouissant des parcelles en vertu d'un bail emphytéotique. En effet, le bail emphytéotique comprend la jouissance paisible de la chose que doit tout bailleur, mais s'y ajoute un droit réel immobilier-

[1] Russo, op.cit., p. 161.

dénommé emphytéose-susceptible d'hypothèque. Ce droit réel doit permettre au preneur de mettre le fonds en valeur, en y effectuant des travaux d'amélioration, des plantations, ou en y édifiant des constructions. Pour cette raison, il s'agit d'un bail librement cessible, de longue durée, entre 18 et 99 ans, qui ne met à la charge de l'emphytéote qu'une redevance modique[1]. Ce sont là les caractères essentiels du bail emphytéotique parce qu'ils justifient que le résultat de la mise en valeur du fonds soit acquis au bailleur en fin de contrat, sans indemnité[2].

**235-** Dans la seconde hypothèse, les installations reviennent aux propriétaires des sols, en vertu des dispositions de l'article 555 du Code civil[3]. En effet, selon l'article 551 du Code civil, « *tout ce qui s'unit et s'incorpore à la chose appartient au propriétaire...* ». Il s'agit d'une incorporation artificielle de nature immobilière, car constituée de constructions. En droit commun, l'accession artificielle à un immeuble peut consister en une construction ou dans une plantation. L'ouvrage exécuté appartient dans tous les cas, au propriétaire du sol dont la force d'absorption est sans limites : *superficies solo cédit*, c'est-à-dire que la construction accède au sol. En France, la jurisprudence écarte l'application du texte s'il n'y a eu que de simples travaux de constructions existantes[4], serait-ce sur la forme

---

[1] Francois ©, Delebecque ( F), Contrats civils et commerciaux, 4ème édition, Dalloz 1998, p.313.

[2] Cass.req., 22 juin 1885, D., 1886.1.268.

[3] Certaines dispositions de cet article sont modifiées par la loi n°80/22 du 14 juillet 1980, portant répression des atteintes à la propriété foncière et domaniale. Cette loi a été modifiée par la loi n° 81-021 du 27 novembre 1981, ensuite par celle du 04 juillet 1985.

[4] Cass.civ. 1ère, 28 mars 1939, D.C 1942, 119, note F. G.

d'une surélévation[1]. Lorsque les constructions ou plantations ont été faites par le propriétaire du sol avec des matériaux ou des plantes appartenant à autrui, le droit du propriétaire des matériaux ou des plantes s'éteint parce que ceux-ci ont perdu leur individualité et se trouvent incorporés au sol. Le propriétaire du sol acquiert la propriété des constructions même s'il est de mauvaise foi, c'est-à-dire s'il a su qu'il utilisait les matériaux appartenant à autrui. Le propriétaire des matériaux n'est donc pas autorisé de les enlever[2]. Il ne pourra même pas revendiquer ultérieurement les matériaux si la construction était démolie pour telle ou telle cause, car son droit éteint ne ressuscite pas[3]. Mais le constructeur doit lui en payer la valeur estimée à la date du paiement ; il peut en outre, être condamné, s'il y a lieu, à des dommages-intérêts.

**236-** Cependant, lorsque les constructions ont été érigées sur le terrain d'autrui, et c'est le cas qui nous intéresse ici, l'article 555 du Code civil distingue selon que le constructeur est ou n'est pas de mauvaise foi. S'il est de mauvaise foi, le propriétaire du sol bénéficie d'une option : exiger la démolition ou invoquer l'accession moyennant une indemnité. Ainsi, le propriétaire peut contraindre le constructeur à enlever à ses frais les constructions[4] ; il en est de même lorsque le propriétaire ne subit qu'un préjudice léger et parfaitement réparable au moyen d'une indemnité[5]. Le constructeur peut même être condamné à des dommages-intérêts, s'il y a lieu en réparation du préjudice subi par le propriétaire du fonds[6].

---

[1] Cass.civ .1ère, 18 juin 1970, D. 1970, 561, note A. B. ; JCP 1972, II 17165, note H. T. Huillier.
[2] Article 554 du Code civil.
[3] Terré (F), Simler (P), op.cit., p. 216.
[4] Article 555 alinéa 2 du Code civil.
[5] Civ. 13 janvier 1965, Gaz. Pal. 1965, 1965, 1, 236.
[6] Article 555 alinéa 2 du Code civil.

Mais le propriétaire du sol peut aussi décider de conserver les constructions, spécialement si les réalisations du tiers sont utiles, alors il lui devra une indemnité. Si le constructeur est de bonne foi, le propriétaire ne peut exiger la suppression des constructions. Il doit les conserver moyennant une indemnité. Sur la question de savoir si le possesseur est de bonne ou de mauvaise foi, le Code civil[1], apporte des éclaircissements. En effet, doit être présumé de bonne foi[2], le possesseur qui n'a pas été condamné à la restitution des fruits, c'est-à-dire celui qui possède le sol sur lequel il a fait des constructions et des plantations, en croyant en être propriétaire, et dont la croyance erronée s'appuie sur un titre qu'à tort il a cru efficace. Est généralement de mauvaise foi, l'auteur des constructions faites sur un terrain qu'il savait appartenir à autrui[3]. En ce qui concerne l'exploitant de mines, a érigé des constructions immobilières en vertu d'un acte administratif, en l'occurrence le titre d'exploitation. Ces constructions immobilières rentrent donc dans le cadre des travaux d'exploitation. Pour cette raison, il peut être considéré comme de bonne foi. En contrepartie, il pourrait prétendre à une indemnité dont le montant correspondra aux dépenses de construction, soit d'après la plus-value résultant des travaux, dont l'évaluation est opérée au jour de sa dépossession.

**237**- Cependant il peut arriver qu'un contrat ait des incidences entre le propriétaire et l'auteur des constructions. Il se peut d'abord que les constructions soient accomplies en exécution d'un contrat conclu avec le propriétaire, ou à tout le moins qu'une convention conclue entre les intéressés règle le sort des constructions. En

---

[1] Article 555 alinéa 4 du Code civil.

[2] Selon l'article 2268 du Code civil, la bonne foi se présume.

[3] Civ., 1ère ch.civ. 1er juillet 1965, D. 1965, 650.

pareil cas, il y a lieu d'appliquer la convention car l'article 555 n'est pas d'ordre public[1]. En France, la jurisprudence écarte l'article 555 lorsque les travaux ont été faits par un mandataire ou un gérant d'affaires ; les rapports entre le constructeur et le propriétaire du sol sont régis par les principes du mandat ou de la gestion d'affaires[2] ; spécialement le maitre ne sera tenu que dans la mesure de l'utilité finale de la gestion, en d'autres termes jusqu'à concurrence de la plus-value donnée à l'immeuble.

**238-** Les choses sont cependant différentes lorsqu'un contrat intervient entre le propriétaire et le constructeur, sans que le contrat ait au moins, de manière immédiate, pour objet l'exécution des constructions, de l'emploi du terme tiers, à l'article 555 du Code civil, l'on a pu être tenté de déduire que, les parties étant alors liées par un contrat, les règles inscrites par ce texte restent applicables. En France, la jurisprudence a adopté une solution contraire, conférant de la sorte à l'article 555 un très grand rayonnement[3]. Elle a notamment décidé que ses dispositions régissaient les relations entre bailleur et locataire[4]. Cette extension est cependant limitée. D'abord, il arrive qu'au sujet de certains baux, la loi écarte l'article 555 en substituant le cas échéant d'autres dispositions à celle que contient ce texte. Ainsi n'est-il pas applicable en cas d'emphytéose, bien que l'emphytéote ne soit pas tenu, sauf clause contraire, d'apporter des améliorations à l'immeuble loué, on peut considérer les constructions ou améliorations comme la contrepartie de

---

[1] Civ. 1ère , 11 janvier 1965, D. 1965, somm. 73.

[2] Civ. 1ère , 27 mai 1963, Bull. civ. I n° 281, p. 239.

[3] Francois ©, Delebecque ( F), Contrats civils et commerciaux, 4ème édition, Dalloz 1998, p. 313.

[4] Req. 15 juillet 1912. DP 1914, 1.28, note F.P.

l'avantage d'un bail dont la durée est assez longue pour permettre au preneur de retirer un profit suffisant de ses travaux. De même, la jurisprudence[1] n'applique l'article 555 que lorsque le preneur a fait des constructions sans le consentement du propriétaire et en dehors des stipulations de son bail.

[1] Req. 25 octobre 1921, DP 1922, 1, 55.

## CHAPITRE II : LES OPÉRATIONS DE GITES DE SUBSTANCES DE CARRIÈRES.

**239-** La consécration de l'exploitation des gites de substances de carrières[1] dans le Code minier est une innovation majeure. Par le passé, l'exploitation de ces substances minérales était simplement renvoyée au décret d'application de l'ancienne loi. Depuis les réformes de 2001 et 20016, l'activité des carrières est suffisamment réglementée. Dans le langage courant, les carrières sont bien souvent assimilées aux mines [2]Selon le Code minier[3], sont soumis au régime juridique des carrières « *les gites de matériaux de construction et d'amendement pour la culture des terres et autres substances analogues notamment, le sable, le sable de silice, le gravier, les tourbières, la pouzzolane, les argiles, les latérites, la calcite, la dolomie, le talc, le mica,, le graphite, le kaolin, le pyrophillite, l'onyx ; l'argile commune est les roches argileuses exploitées pour la fabrication des produits d'argile ; tous les types de roches utilisées comme pierres de taille, pierre concassée, minerai de silice, ou pour la fabrication du ciment, ou l'utilisation directe comme matériau de construction ; toute autre substance minérale se retrouvant à l'état naturel sous forme de dépôt meuble* ». Ne relève par conséquent pas du régime des carrières, « *les phosphates, les nitrates, les sels alcalins, et autres sels associés dans les mêmes gisements, de la couche arable, ainsi que les résidus inertes, lorsque ces*

---

[1] La loi distingue trois types de carrières : les carrières artisanales, les carrières semi-mécanisées, les carrières industrielles, les carrières d'interet public, article 4 Code minier.

[2] Boivin (JP), Lavaire ( C), Carrières et granulats, Traité pratique des carrières , creation et fonctionnement des installations, prévention et gestion des risques, Collection Analyse juridique Paris 2008.

[3] Article 64 alinéa 1 du Code minier de 2016.

*substances et résidus sont utilisés à des fins de construction pour la fabrication des matériaux de construction, ou pour l'amendement des sols* »[1].

**240**- Aujourd'hui, les carrières étant actuellement avec les exploitations artisanales, la seule activité d'extraction de substances solides au Cameroun, le législateur a entériné leur prédominance dans ce domaine en spécifiant dans la nouvelle loi, les règles générales applicables à toutes les carrières (**Section I**), et celles applicables aux différents types de carrières (**Section II**)

## Section I - Le régime général applicable à toutes les carrières

**241**- L'exploitation des carrières est subordonnée à la détention soit d'une autorisation d'exploitation de carrière artisanale, et de carrière d'intérêt public, soit d'un permis d'exploitation de carrière industrielle. L'autorisation d'exploitation des carrières et le permis d'exploitation sont délivrés aux personnes physiques de nationalité camerounaise et aux sociétés de droit camerounais justifiant d'un contrat ou d'un bail, ou d'un titre de propriété, après consultation des autorités administratives compétentes et des populations riveraines.

**242**- Si la carrière est exploitée par le propriétaire du sol, ce dernier doit obtenir un permis ou une autorisation. Le propriétaire du sol est tenu d'obtenir une telle autorisation ou un tel permis s'il souhaite exploiter une carrière se trouvant sur son terrain. Cependant, l'exploitation de ces carrières par le propriétaire du sol à des fins exclusivement domestiques est subordonnée à une simple déclaration préalable. L'exploitation des carrières à des fins domestiques est soumise à la réglementation en

---

[1] Article 64 alinéa 2, du Code minier 2016.

matière de santé, de sécurité, du travail et à l'environnement.

**243-** L'exploitation des carrières est subordonnée à l'autorisation préalable d'un permis de reconnaissance pour les nouveaux sites ou d'une autorisation d'accès au site pour les anciennes carrières. Lorsqu'il s'agit d'une carrière artisanale, l'artisan n'est pas astreint à la détention d'un permis de reconnaissance. Le dossier de demande d'autorisation ou de permis d'exploitation comporte le contrat de bail, couvrant la durée de l'autorisation du permis ou le titre de propriété établi.

**244-** Les autorisations d'exploitation des carrières d'intérêt public et les permis d'exploitation des carrières sont délivrés par le Ministre des mines.

Lorsqu'il s'agit d'une ancienne carrière, son accès pour étude ou évaluation des réserves est conditionné, par l'obtention d'un récépissé de déclaration délivré par le Délégué régional des mines territorialement. Ce dernier dispose d'un délai de 15 jours à compter de la date de dépôt de la demande auprès du Délégué Départemental chargé des mines pour délivrer le récépissé qui vaut droit d'accès à l'ancienne carrière. Passé ce délai, le silence de l'Administration vaut acceptation et le récépissé est réputé acquis. Toute décision de refus d'octroi de récépissé doit être motivée et notifiée au demandeur. Le récépissé de déclaration vaut droit d'accès à l'ancienne carrière, et permet à son bénéficiaire de mener des opérations de recherches dans les mêmes conditions que celles du titulaire du permis de reconnaissance.

**245-** Au titre des droits, le titulaire de l'autorisation ou du permis d'exploitation des droits exclusifs sur leur périmètre d'exploitation. Ils ont également le droit de transporter et faire transporter les substances de carrières extraites et les dérivés primaires qui en résultent jusqu'au lieu de stockage. Ils ont le droit de traiter, de transformer les produits extraits, et d'en disposer sur le marché intérieur.

### Section II - Les règles spécifiques applicables aux différents types de carrières

**246**- Le Code minier distingue quatre types de carrières à savoir : les carrières artisanales, les carrières semi-mécanisées, les carrières industrielles, les carrières d'intérêt public

### Sous-section I : les carrières artisanales et artisanales semi-mécanisée

#### A- Les opérations des carrières artisanales

**247**- Par carrières artisanales, on entend, le périmètre d'exploitation des substances de carrières par des méthodes et procédés manuels, et traditionnels ne faisant pas appel à l'usage des explosifs[1]. L'exploitation des carrières artisanales est soumise à une autorisation. Cette autorisation permet à son titulaire de réaliser des travaux. Elle est l'apanage des personnes physiques de nationalité camerounaise

**248**- Le titulaire de l'autorisation doit fournir à l'Administration des informations relatives à ses opérations d'exploitation ; exécuter sans délai des instructions relatives aux opérations d'exploitation données par l'Administration pour assurer la sécurité, et la santé du travail sur le site ou assurer une exploitation conforme aux règles de l'art à la protection et à la gestion durable de l'environnement.

#### B- Les carrières artisanales semi-mécanisées

**249**- Les carrières semi-mécanisées constituent le **périmètre** d'exploitation des substances de carrières par

---

[1] Article 4 Code minier 2016.

des méthodes et procédés semi-industriels. La superficie d'une telle carrière ne peut excéder un hectare. L'exploitation d'une telle carrière est subordonnée à une autorisation dont la durée est de deux ans à compter de la date de notification, et renouvelable pour la même durée. Une fois l'autorisation attribuée, son bénéficiaire a un délai de douze mois à compter de la notification pour mettre en exploitation la carrière, faute de quoi l'autorisation est réputée caduque et la superficie de l'exploitation réservée pour le cadastre minier.

**250**- Les carrières industrielles au sens de la loi sont, des carrières dont l'exploitation fait appel à des procédés industriels pouvant faire appel à des explosifs. Elles sont exploitées à des fins commerciales.

**Sous-section II : Les carrières d'intérêt public.**

**251**- Une carrière d'intérêt public est un périmètre d'exploitation industrielle des carrières destinées aux travaux d'intérêt public. Les substances de ces carrières sont et demeurent la propriété de l'Etat. Elles sont hors commerce et exemptées du paiement des droits fixes, des droits relatifs à la concession domaniale, ou à la redevance superficiaire et de la taxe à l'extraction des produits de carrière, à l'exception des taxes et droits communaux.

**252**- Le titulaire d'une autorisation d'exploitation de carrière d'intérêt public peut installer à l'intérieur des limites de son site des machines pour creuser, broyer, tailler et entasser les substances de carrières et construire des bâtiments à usage de bureaux ou de magasins.

**253**- L'exploitation industrielle des substances de carrières, sauf lorsqu'elle n'est pas destinée à des fins exclusivement domestiques, même par le propriétaire du sol, est soumise au régime de l'autorisation ou du permis d'exploitation. En effet, le régime d'exploitation des carrières dans le Code minier varie selon qu'on est en présence des carrières temporaires[1], ou des carrières permanentes[2]. Au sens de la législation minière, sont considérées comme carrières temporaires, les carrières dont la durée n'excède pas deux ans, article 88 décret d'application précité. Par carrières permanentes, on entend, les carrières dont la durée d'exploitation s'étend sur une période d'au moins deux ans, article 88 du décret précité Article 57 alinéa 7 Code minier.) S'agissant des carrières temporaires, leur exploitation est soumise à une autorisation d'exploitation délivrée par décision du Ministre en charge des mines. L'autorisation est octroyée pour une période ne pouvant excéder deux ans. Elle devient caduque si elle n'est pas utilisée dans un délai de deux mois, c'est-à-dire, à compter de la date d'attribution de l'autorisation.

**254**- L'autorisation des carrières d'intérêt public est délivrée par le Ministre des mines pour une durée qui correspond à la réalisation des travaux de l'ouvrage public concerné. A la fin des travaux, l'ouvrage pour lequel la carrière d'intérêt public a été attribuée ? ladite carrière est rétrocédée à l'Etat. Toutefois lorsque le titulaire de l'autorisation envisage la poursuite des travaux à des fins commerciales, il dispose d'un délai de trois mois avant l'expiration de l'autorisation pour solliciter du Ministre chargé des mines, la mutation de son autorisation en permis d'exploitation commerciale des substances de carrières industrielles, sous réserve des conditions d'octroi du permis

[1] Au sens de la législation minière, sont considérées comme carrières temporaires, les carrières dont la durée n'excède pas deux ans, article 88 décret d'application précité.

[2] Par carrières permanentes, on entend, les carrières dont la durée d'exploitation s'étend sur une période d'au moins deux ans, article 88 du décret précité.

## Section III : Les carrières industrielles

**255-** Les carrières industrielles constituent un périmètre d'exploitation des substances de carrières par des méthodes et procédés industriels. Elles sont exploitées à des fins commerciales. L'exploitation d'une carrière industrielle est soumise à l'obtention préalable d'un permis délivré par le Ministre chargé des mines. Les substances issues de cette activité appartiennent au titulaire du permis. La validité de ce permis est de cinq ans à compter de la date de notification de l'acte d'attribution, renouvelable par périodes de trois ans. Lorsque le permis n'est pas exploité douze mois, à compter de sa notification, il est réputé caduc et toute mise en activité ultérieure devra faire l'objet d'une nouvelle demande.

**256-** Le titulaire du permis peut installer à l'intérieur des limites de son site, des machines pour creuser, broyer, tailler, et entasser les substances de carrières et construire des bâtiments, à usage de bureaux ou de magasins. Le titulaire du permis est tenu de soumettre pour approbation au Ministre des mines, le plan de développement de la carrière, le plan d'urgence, le plan d'exploitation, et le plan de réhabilitation des sites. Et toute modification du plan de développement ou d'exploitation, ainsi que toute nouvelle acquisition d'équipements à cette fin, est subordonnée à l'accord préalable du Ministre chargé des mines.

**257-** Quant à l'exploitation des carrières permanentes, elle est conditionnée par la délivrance d'un permis d'exploitation, délivré par le Ministre en charge des mines, pour une durée de cinq ans, renouvelable trois mois au plus tard, avant la date d'expiration.

**258-** Le régime d'exploitation concerne aussi les carrières d'intérêt public et les carrières artisanales. De manière générale, la demande d'un permis ou d'une autorisation des substances de carrières est formulée sur une fiche dont le modèle est fourni par l'Administration des mines. La demande est déposée en triple exemplaire dont l'original est timbré au tarif en vigueur auprès du Délégué Départemental chargé des mines territorialement compétentes. A la réception du dossier, le Délégué Départemental chargé des mines contrôle sa régularité notamment l'effectivité du titre de propriété ou de tout autre document en tenant lieu. Il le transmet ensuite au Délégué Régional chargé des mines qui fait procéder aux requêtes et visites nécessaires. Ce dernier dispose d'un délai de trente jours pour traiter et acheminer le dossier auprès du Ministre. Ce dernier dispose de 15 jours pour se prononcer. Le silence gardé par l'Administration au-delà de 60 jours, à compter de la date de dépôt du dossier, vaut autorisation ou permis.

**259**- La demande de renouvellement d'un permis d'exploitation des substances de carrières doit parvenir au Ministre chargé des mines 3 mois au plus tard avant son expiration. A la fermeture d'une carrière, les produits restant en stock sur le carreau de la carrière appartiennent au propriétaire du terrain sous réserve du paiement de la taxe à l'extraction. Si le propriétaire du terrain est l'Etat, il est exempté du paiement de la taxe à l'extraction et les produits concernés sont gérés par le Ministre chargé des mines.

**260**- Quel que soit le régime auquel on peut se référer, l'exploitation des carrières de manière générale, confère aux bénéficiaires de l'autorisation et du permis, des droits exclusifs d'exploitation dans les limites du périmètre et les conditions qui y sont définies. Ces droits emportent le droit de s'installer à l'intérieur des limites de son site, le droit de creuser, broyer, tailler et entasser les substances de carrières, et de construire des bâtiments provisoires à usage de bureaux, ou de magasins, mais non pour loger les employés autres que les gardiens. Les droits d'exploitation des carrières comportent également la possibilité d'établir des installations de conditionnement et de traitement primaire des substances de carrières conformément à la réglementation en vigueur. Le législateur minier est allé plus loin, et donne la latitude à l'exploitant minier de transporter ou de faire transporter les substances de carrières extraites et leurs dérivés primaires jusqu'au lieu de stockage, de traiter ou de charger, d'en disposer sur les marchés intérieurs ou de les exporter.

**261**- Dans le but d'encourager l'activité minière, le Code minier permet au titulaire de l'autorisation ou du permis d'exploitation, d'autoriser par écrit, une personne à exploiter les substances à l'intérieur de la superficie sous réserve d'une déclaration auprès de l'autorité compétente[1]. Le titulaire de l'autorisation ou du permis d'exploitation demeure cependant responsable, quant au respect des obligations prévues par la législation en matière de substances de carrières.

---

[1] Article 57 alinéa 7 Code minier.

# TITRE II : LES OPÉRATIONS MINIÈRES ARTISANALES

**262**- De manière générale, on s'accorde à mettre sous le vocable artisanat, tous les métiers manuels exercés pour son compte personnel. L'énergie humaine y est donc souvent considérée comme critère déterminant. Au Cameroun, ce secteur regroupe environ quatre-vingt petits métiers qui s'intègrent dans diverses activités, dont celle de l'artisanat minier. Mais que signifie ce terme ?

**263**- Au sens de l'article 2 du décret de 2014, l'artisanat minier est une « *opération qui consiste à extraire et à concentrer les substances minérales, affleurant à une profondeur de trente mètres et à disposer des produits marchands, en utilisant des méthodes et procédés manuels et peu mécanisés* »[1]. Lorsque le matériel utilisé dans l'exploitation reste limité à une pelle chargeuse, 01 à trois excavateurs maximum et un centre de lavage, soumise au contrôle du Ministre en charge des Mines, on parle d'artisanat minier peu mécanisé.

**264**- Occultée dans la loi fédérale de 1964 portant sur les substances minérales, l'activité minière artisanale fait l'objet d'un chapitre spécifique (Chapitre I du Titre III, art.24 à 31). Cette innovation majeure traduit un souci, celui d'encadrer normativement une activité qui était plongée dans l'informel, tout en assouplissant les dispositions applicables, de manière à ce que les conditions d'accès soient moins contraignantes. A l'image d'autres législations minières[2], les opérations minières artisanales sont réservées aux seules personnes physiques de nationalité camerounaise. L'artisanat minier est

---

[1] Quant à l'artisan minier est une personne physique majeure, de nationalité camerounaise disposant d'une carte individuelle d'artisan minier, délivrée dans les conditions définies par le présent décret.

[2] C'est le cas de la loi n° 007/ 2002 du 11 juillet 2002 portant Code minier Congolais.

subordonné à l'obtention d'une carte individuelle d'artisan minier et de l'autorisation d'exploitation artisanale, délivrées dans des conditions fixées par la loi.

## CHAPITRE UNIQUE : LE RÉGIME JURIDIQUE DE L'EXPLOITATION ARTISANALE DES SUBSTANCES MINÉRALES.

**265-** Nous l'avons dit, l'exploitation minière artisanale est celle qui utilise l'énergie humaine. Les machines y sont donc exclues. On distingue l'exploitation minière artisanale au sens strict de l'exploitation minière semi mécanisée qui est réalisée dans le cadre d'une autorisation d'exploitation artisanale semi-mécanisée[1] des substances précieuses et semi-précieuses, qui utilise au plus trois excavateurs, une pelle chargeuse, et éventuellement d'autres équipements tel que la machine de lavage de gravier minéralisé ou de concentration des produits miniers, l'usage des produits chimiques dont le traitement est strictement proscrit[2].

**266-** Dans le cadre de ce travail, seule l'exploitation minière artisanale proprement dite sera étudiée. Cette forme d'activité débute généralement par les opérations de prospection (**Section I**). Cette étape est suivie par la phase d'exploitation (**Section II**).

### Section I : La prospection artisanale des substances minières

**267-** Nous analyserons la carte individuelle de prospecteur (**paragraphe I**) et les différents droits (**paragraphe II)** générés par celle-ci.

#### Paragraphe I - La carte individuelle de prospecteur

**268-** Elle est délivrée à toute personne physique ou majeure de nationalité camerounaise désirant prospecter des substances minérales de façon artisanale à l'intérieur

---

[1] Selon l'article 4 du Code minier, c'est un acte juridique qui confère à son titulaire le droit exclusif de mener les travaux d'exploitation semi-mécanisée à l'intérieur du périmètre attribué.

[2] Article 4 du Code minier.

du département où elle a élu domicile. La demande de délivrance de la carte individuelle de prospecteur est adressée au Délégué Départemental des mines territorialement compétent en trois exemplaires dont l'original est timbré au tarif en vigueur. Elle est formulée sur une fiche dont le modèle est fourni par l'Administration chargé des mines. Lors du dépôt de la demande de la carte individuelle de prospecteur, le demandeur doit présenter une copie certifiée conforme de la carte nationale d'identité et toute autre pièce pouvant certifier son identité et sa nationalité camerounaise.

**269**- En outre, la demande doit être accompagnée du nom du département dans lequel le demandeur compte travailler, l'indication du minerai ou des minerais à prospecter, du récépissé du versement des droits prévus par le Décret, de deux photos 4X4 du demandeur, d'un certificat de domicile. Les documents à joindre à la demande de renouvellement sont uniquement ceux qui auront été modifiés depuis la demande initiale ainsi que le récépissé attestant du versement du droit requis et un compte rendu des activités pendant la phase antérieure. La carte individuelle de prospecteur est valable pour une période de douze mois renouvelable. Son titulaire ne peut accorder ni céder ni transférer un droit lié à cette carte et nul ne peut y être associé comme propriétaire. Le titulaire d'une carte individuelle de prospecteur ne peut prospecter sur le terrain situé dans le périmètre d'un permis de recherche, d'un permis d'exploitation ou d'une autorisation d'exploitation artisanale. Lorsque l'objet de l'activité est la collecte des substances minières, le régime est celui de la carte de collecteur.

### Paragraphe II-les droits générés par la carte individuelle de prospecteur

**270**- Au sens de la législation minière camerounaise, les droits de prospection s'entendent des droits subjectifs reconnus à toute personne titulaire d'une carte individuelle de prospecteur. La Carte individuelle de prospecteur est un document délivré par le Délégué Départemental des mines territorialement compétent, à toute personne désirant prospecter des substances minérales artisanales à l'intérieur d'un Département. Elle confère à son titulaire des droits de prospection. Ces droits ne peuvent faire l'objet d'une transaction et ne sont pas susceptibles d'appropriation collective[1]. Ils confèrent à leur bénéficiaire, le droit de prospecter des substances minérales de façon artisanale à l'intérieur du département où il a élu domicile. Concrètement, les droits de prospection comportent la possibilité de mener des investigations, des observations de près ou à distance, de faire des prises, et même d'analyser des échantillons, sur la surface de la terre, dans les terrains subsuperficiels, ou dans les cours d'eaux. Ces prérogatives s'étendent-elles pour autant à l'intérieur de tout le Département ? Le Code répond par la négative. Car selon la législation minière, « *le titulaire d'une carte individuelle de prospection ne peut prospecter sur un terrain situé dans le périmètre d'un permis de recherche, d'exploitation ou d'une autorisation d'exploitation artisanale en cours de validité* »[2]. Le titulaire de la carte individuelle de prospecteur ne peut donc mener des investigations que dans une sphère limitée. Ces dispositions visent à éviter d'éventuels conflits entre exploitants miniers industriels et artisans miniers d'une part, et entre artisans miniers d'autre part.

**271-** Par rapport à leur étendue dans le temps, les droits de prospection artisanale s'étalent sur une période de douze mois renouvelable. Cependant, le législateur ne

---

[1] Article 38 alinéa 1 du décret d'application de la loi portant Code minier camerounais.

[2] Article 39 alinéa 1 du décret précité.

s'est pas prononcé sur le nombre de fois que cette carte peut être renouvelée. L'un des objectifs du Code minier étant d'encourager l'activité minière, nous pensons que son silence sur cet aspect est à dessein. Ce dernier n'a pas voulu limiter les exploitations, surtout dans un secteur qui sert principalement à l'entretien quotidien des ménages. Car l'artisanat minier représente aujourd'hui plus de la moitié des exploitations minières. Cette activité fait vivre au quotidien des ménages, et satisfait à faible coût, les besoins des populations. C'est également fort de l'importance que revêt cette activité, que le législateur a érigé un droit de prospection non exclusif à l'intérieur du Département considéré[1], excluant ainsi les situations de monopole. Il a par ce fait même, crée un environnement favorable à la concurrence, facteur positif en matière d'investissement.

## Section II : L'exploitation artisanale des substances minérales

**272-** Les droits d'exploitation artisanale sont des prérogatives qui ouvrent droit en faveur de leur bénéficiaire, à des travaux d'exploitation artisanale. Leur régime d'acquisition varie selon que l'exploitation artisanale vise les mines proprement dites, ou qu'elle porte sur les carrières artisanales. (Par carrières artisanales, on entend toute exploitation des substances de carrières, par des méthodes et procédés manuels et peu mécanisés, et ne faisant pas appel à l'usage des explosifs (article 88 nouveau, décret précité).

[1] Article 38 alinéa 2 du décret précité.

### Paragraphe I : Le régime d'exploitation applicable

**273-** On étudiera l'exploitation artisanale des mines proprement dites et l'exploitation artisanale des substances de carrières

#### A. L'exploitation artisanale des mines proprement dites

**274-** Lorsque l'objet de l'exploitation porte sur un gisement minier, le régime est celui de l'autorisation. En effet, le Code minier subordonne l'acquisition des droits d'exploitation artisanale d'un gisement minier à l'attribution d'une autorisation en faveur du titulaire de la carte individuelle de prospecteur.

#### L'autorisation d'exploitation artisanale

**275-** Selon l'article 25 du Code minier, « *lorsque le titulaire d'une carte individuelle de prospecteur a délimité le périmètre d'exploitation artisanale, il doit... demander l'octroi d'une autorisation artisanale...* ». L'autorisation d'exploitation artisanale est accordée par le Délégué Régional des mines après vérification des coordonnées du périmètre concerné auprès du conservateur et approbation du Ministre chargé des mines. . Le Délégué Régional des mines dispose de 60 jours à compter de la date de réception du dossier pour réagir. Passé ce délai, l'autorisation est réputée acquise et le demandeur peut démarrer les travaux.

**276-** La procédure d'obtention de l'autorisation d'exploitation artisanale débute par une demande. Formulée sur une fiche dont le modèle est fourni par l'Administration des mines, elle est déposée en trois exemplaires auprès du Délégué Départemental des mines territorialement compétent qui transmet sous huitaine le dossier complet au Délégué Régional des mines de son ressort. Il est joint à la demande, les pièces suivantes :

- Une preuve de la nationalité camerounaise suivant les normes réglementaires ;
- Un levé topographique montrant clairement les limites du périmètre considéré en coordonnées UTM et en précisant dans quel carreau on se trouve ;
- L'indication du minerai ou des minéraux à exploiter, la description des méthodes d'excavation et de la technologie utilisée ;
- Une indication des ressources financières disponibles pour entreprendre l'exploitation ;
- Le récépissé de versement du droit prévu par le présent décret ;
- Un engagement écrit à respecter les dispositions du cahier de charges définissant les actions préventives à mener et les mesures de sécurité et d'hygiène prévues par le présent Décret ;

**277**- Lorsqu'il s'agit d'une demande d'autorisation, en vue d'une exploitation mécanisée, engagée dans un contrat de partenariat technique ou financier avec une personne physique ou morale de droit camerounais, la demande est soumise aux dispositions législatives de la mine industrielle relative à la participation de l'Etat, au paiement de l'impôt sur les sociétés (IS) et au paiement de la taxe Ad Valorem[1].

**278**- Un périmètre minier faisant l'objet d'un titre minier en cours de validité ne peut faire l'objet d'octroi d'une autorisation d'exploitation artisanale, à moins que le titulaire du titre minier marque son consentement. Aucune autorisation d'exploitation artisanale ne peut être accordée à l'intérieur d'un périmètre d'un permis de recherche ou d'un permis d'exploitation en cours de validité, sans le consentement du titulaire dudit permis de recherche ou d'exploitation.

---

[1] Article 2 (nouveau bis) du décret de 2014.

**279-** L'autorisation d'exploitation artisanale est valable pour une période de deux ans à partir de la date d'enregistrement de ladite autorisation dans le registre des titres miniers. Elle est renouvelable. Ce renouvellement est conditionné par la production d'un rapport annuel d'activités et par le respect scrupuleux des dispositions du cahier de charge dans le registre des titres miniers. La profondeur maximale exigée pour les travaux d'exploitation est de 30 m.

**280-** S'agissant des relations avec les autres exploitants, le Code minier aborde quelques hypothèses. En effet, lorsqu'un permis de recherche ou un permis d'exploitation est attribué à l'intérieur d'un périmètre renfermant une autorisation d'exploitation artisanale, la zone de l'autorisation d'exploitation artisanale ne fait pas partie du permis octroyé. Les titulaires de tels permis doivent respecter le périmètre ainsi que les droits du titulaire de l'autorisation d'exploitation artisanale. Un périmètre minier faisant l'objet d'un titre minier en cours de validité ne peut faire l'objet d'octroi d'une autorisation d'exploitation artisanale.

**281**- Le titulaire d'une exploitation artisanale peut, à tout moment demander la transformation de son titre en permis d'exploitation de petite mine, conformément aux dispositions réglementaires. Lorsque les conditions justifiant l'exploitation de la petite mine sont réunies dans une zone d'exploitation artisanale, le Délégué Régional territorialement compétent, sur avis de la Direction chargée des mines procède à la fermeture de l'exploitation artisanale, après notification. Et les exploitants artisanaux sont tenus de libérer la zone d'exploitation artisanale, dans les soixante jours, à compter de la notification de la décision de la fermeture. Le titulaire de l'autorisation dispose d'un délai de trente jours, à compter de l'information de la fermeture, pour faire connaitre s'il entend faire jouer son droit de préemption. Pour accéder à la petite mine, l'exploitant devra se conformer aux modalités d'accès prévues par la convention minière.

### I. Les obligations du titulaire de l'autorisation d'exploitation artisanale.

**282** - Le titulaire de la carte est responsable des dommages et des troubles au droit d'usage et de jouissance de propriété qu'il occasionne à l'intérieur du périmètre délimitant ladite autorisation. Lorsqu'une autorisation d'exploitation artisanale empiète en tout ou partie sur l'étendue d'une autre autorisation d'exploitation artisanale, le périmètre existant antérieurement prévaut. Si le désaccord persiste, le Délégué Régional des Mines ordonne une étude.

**283**- Le titulaire de l'autorisation artisanale doit soumettre un rapport annuel au Délégué Régional des mines. Ce rapport décrit ses activités, notamment la production en tonnes, en kilogrammes ou en carats des minéraux, une indication sur leur valeur marchande et le nombre de personnes employées.

**284**- Lorsque l'artisan minier découvre un gisement plus important, il est tenu de faire une déclaration au Ministre chargé des mines. Ce dernier statue sur les conditions dans lesquelles l'exploitation peut se poursuivre à une autre échelle.

### B. L'exploitation artisanale des substances de carrières.

**285**- L'exploitation artisanale des substances de carrière est libre sous réserve de certaines dispositions. En effet, le Délégué Départemental des mines, après consultation des autorités administratives et domaniales compétentes, définit en collaboration avec l'autorité communale des zones propices aux travaux d'exploitation artisanale ainsi que les règles de protection de l'environnement. Il procède à leur affichage et en informe la hiérarchie ; les autorités communales définissent localement le taux et le mode de recouvrement de la taxe communale sont à la charge de l'autorité communale.

**286-** Lorsqu'il s'agit des carrières à usage domestique (Les carrières domestiques sont toute exploitation des substances de carrières par le propriétaire du sol à des fins exclusivement personnelles et non commerciales, (article 88 décret) précité est soumise à déclaration auprès du Délégué Départemental chargé des mines territorialement compétent. La déclaration indique le lieu d'extraction, les quantités à prélever et leur utilisation. Elle est accompagnée d'une copie de la carte nationale d'identité du demandeur. A compter de la date de dépôt, le Délégué Départemental dispose de quinze jours pour délivrer le récépissé qui autorise l'exploitation et en informe le Ministre chargé des mines auprès des artisans conformément à la règlementation en vigueur ; en vue de l'inscription de son nom dans un registre ad hoc à la Délégation Départementale chargée des mines, toute personne installée dans les zones désignées doit fournir une copie de sa carte nationale d'identité. Les frais relatifs à la définition des zones d'exploitation artisanales par le délégué départemental chargé des mines ainsi que tous les frais inhérents au suivi et au contrôle de cette activité.

**287-** Lorsque le Délégué Départemental constate qu'une zone d'exploitation artisanale ou à usage domestique présente un danger il peut procéder à la fermeture de la zone.

### Paragraphe II - Les droits du titulaire de l'autorisation d'exploitation artisanale

**288-** Qu'ils résultent d'une autorisation ou du régime de la déclaration, les droits d'exploitation artisanale s'analysent en des travaux sur le périmètre attribué, et emportent en faveur du bénéficiaire, l'établissement dans une zone qui ne peut excéder cent mètres sur cent mètres, et sur une profondeur maximum de trente mètres[1]. Ces droits comprennent également la prospection et l'extraction exclusive des substances minérales. Et même, la possibilité d'enlever les substances minérales.

**289**- Même si le Code minier ne le dit pas, les droits d'exploitation artisanale emportent également le droit de transformer des substances minérales extraites de façon artisanale. L'activité minière artisanale étant par essence destinée aux besoins de la famille, l'artisan minier doit pouvoir, même en l'absence d'une autorisation, transformer les substances minérales issues de son activité. Il en est de même du droit de détenir et de transporter les substances minérales issues de l'exploitation artisanale. En effet, le transport et la détention de substances minérales par l'artisan minier ne devraient faire l'objet d'aucune autorisation, sauf à présenter une autorisation d'exploitation artisanale en cours de validité. Serait par conséquent considérée comme détention illégale des produits miniers artisanaux, toute détention faite par une personne ne pouvant apporter la preuve d'une autorisation valable. Une catégorie de personnes dont l'autorisation pourrait s'avérer nécessaire, retient quand même notre attention. Il s'agit des artistes agrées par le Ministère de la culture. Par rapport à la valeur des produits issus des opérations d'exploitation, nous pensons que ces personnes devraient pouvoir justifier d'une autorisation en vue de détenir ou de transporter une quantité limitée de ces substances pour les besoins de leur métier.

---

[1] Cette profondeur a été choisie par le législateur à dessein. Elle doit pouvoir permettre de régler les éventuels conflits pouvant subvenir entre artisans et opérateurs industriels.

**290**- Si l'artisan minier peut détenir et transformer les substances minérales extraites de son activité, peut-il pour autant les commercialiser. Le Code minier dans sa version actuelle répond par l'affirmative[1]. Cette possibilité est même offerte aux tiers. Car selon le Code minier, « *la commercialisation des substances minérales issues de l'exploitation artisanale est ouverte à toute personne physique ou morale de droit camerounais* »[2]. Seulement, l'artisan tout comme le tiers, doit pouvoir justifier d'une autorisation délivrée par le Ministre chargé des mines. Pour ce faire le titulaire ouvre un bureau de commercialisation et s'établit en commissionnaire.

**291**- La demande d'autorisation d'ouverture du bureau de commercialisation est formulée en trois exemplaires sur une fiche dont le modèle est fourni par l'Administration chargée des mines. Elle précise les noms, prénoms, domicile du postulant et la nature des substances concernées. A cette demande sont joints :

**292**- Dans le cas d'une personne physique : une copie de la carte nationale d'identité du postulant, un extrait de casier judiciaire datant de moins de trois mois ; une photo d'identité 4X4 ; la nature des substances concernées, un rapport de visites des installations établi par un agent de l'Administration chargée des mines commissionné à cet effet ; un titre de patente ; une attestation de versement de versement des droits fixes d'un montant de deux cent mille auprès de l'agent intermédiaire des recettes du Ministère chargé des mines.

**293**- Lorsque la personne qui sollicite commercialiser les substances est une personne morale, il

---

[1]Article 45 alinéa 1 du décret d'application de la loi de 2001 portant Code minier.

[2] Article 45 alinéa 1 du décret d'application de la loi de 2001 portant Code minier.

lui est exigé une copie de la carte nationale d'identité du gérant, un extrait de casier judiciaire datant de moins de trois mois du gérant ; une photo d'identité du gérant, la nature des substances concernées ; les statuts et tous les actes établissant son existence légale ; un rapport de visite des installations de la personne morale établi par un agent de l'Administration chargée des mines commissionné à cet effet ; un titre de patente ; une attestation de versement des droits fixes d'un montant de deux cent mille auprès de l'Agent intermédiaire des recettes du Ministère chargé des mines,

**294**- Dans le cas d'une unité de fusion de métaux et/ ou de taille de pierres précieuses, fines ou ornementales, l'agrément est accordé par le Ministre chargé des mines, pour une période de quatre ans renouvelable, sur la présentation d'un dossier comportant les pièces suivantes : une demande en trois exemplaires dont l'original timbré au tarif en vigueur ; une copie de la carte nationale d'identité du postulant ou du gérant dans le cas d'une personne morale ; un extrait de casier judiciaire datant de moins de trois mois pour les personnes physiques ou un exemplaire des statuts pour les personnes morales ; un récépissé de la quittance de versement du droit fixe ; un certificat d'élection de domicile ; un rapport de visite de l'unité de fusion effectuée par un agent de l'Administration chargé des mines commissionné à cet effet.

**295**- Toute personne physique ou morale peut être agrée à couvrir une idée de fusion des métaux et/ ou morale peut être agréée. Reste cependant à s'interroger sur les potentiels acheteurs des produits issus de l'activité minière artisanale ? Même si le Code est resté muet sur cet aspect, la vente des substances minérales, devrait à notre avis, être orientée vers les négociants, les boursiers, les comptoirs, et les artistes agrées par le Ministre de la culture.

# INDEX ALPHABÉTIQUE

## N



## O



## P



## R



## S



## T

# BIBLIOGRAPHIE


## I- OUVRAGES GENERAUX

- **Atias (C)**, Droit civil, Les Biens LITEC 7ème édition, 2007, p. 52.
- **Charbonnier (J),** Droit civil, PUF 1994, p. 263.
- **De Laubadere (A),** Droit administratif, Administration de l'économie, LGDJ, 1988,
- **Hauriou,** Précis de droit administratif, 1933, p.862.
- **Lecompte,** Essai sur la notion de faculté en droit civil, thèse Paris 1930
- **Malinvaud (P)**, Droit des obligations, 8eme édition.
- **Maurin (A),** Droit administratif, Sirey, 6édition, 2007.
- **Planiol**, Traité élémentaire de droit civil, I. n° 2595.
- **Terré (F)**, Introduction générale au droit, Dalloz 9ème édition 2012.
- **Terré (F), Simler (Ph)**, Droit civil, Les biens, Précis Dalloz, 7ème édition, 2006.

## II- OUVRAGES SPECIAUX

- **Aguillon (P),** De la déchéance du droit d'exploiter les mines, Thèse Paris 1963, n° 22 b.
- **Bandoki (S)**, Le Droit minier et Pétrolier en Afrique, Edilivre-APARIS, Paris 2008.
- **Boivin (JP), Lavaire (C)**, Carrières et granulats, Traité pratique du droit des carrières, création et fonctionnement des installations, prévention et gestion des risques, collection Analyse juridique, édition du Moniteur Paris 2008.

- **Boivin (JP),** Pratique du contentieux des installations classées et des carrières édiion le Monniteur, Paris 2000.
- **Bridge G** (2004), Mapping the bonanza : geographies of mining investment in area of néolibéral reform, Professional, Geographer 53 :3, 406-21.
- **Bury,** Traité de la législation des mines en France et en Belgique, Paris, 1877, vol. 2, n° 1318.
- **Cheminais,** Revue de l'industrie minérale, 1919-314.
- **Dalemont (E)**, L'industrie du pétrole, PUF 1980.
- **Francois (C), Delebecque (F)**, Contrats civils et commerciaux, 4ème édition, Dalloz 1998.
- **Furon (R),** Les Ressources minérales de l'Afrique, Géologie et Mines, La production africaine dans le monde, La production régionale, les nouveaux problèmes, Payot, Paris 1961.
- **Kamto (M),** Droit de l'environnement en Afrique, EDICEF 1996.
- **Kleman (E),** Les nationalisations, in le contentieux extractif, ICC 2015.
- **Lauriol (Th), Raynaud (E),** Le droit pétrolier et minier en Afrique, EJA LGDJ, 2016.
- **Malingrey (Ph),** Introduction au droit de l'environnement, 3ème édition Lavoisier 2007.
- **Mamadou ( K),** Le cadre juridique de la renégociation, in le contentieux extractif, ICC 2015.
- **Morand-Devillier (J)**, Droit de l'environnement, 6ème édition, Paris, PUF 2003.

- **Onedieu,** Le permis d'exploitation des mines, Thèse Caen 1932.
- **-ORBAN (P)**, Droit minier du Congo-belge, Bruxelles, Bruylant, 1938.
- **Personnaz,** Le droit des mines, Jurisclasseur administratif, fascicules 371 et suivants.
- **Ranjeva (H),** L'obligation de réhabilitation d'un site d'extraction minière à la charge de l'investisseur : l'Afrique et le droit international variations ou l'organisation internationale, Pédone, Paris 2013.
- **Renouard (C)**, De la contribution de l'industrie extractive au développement socio-économique des populations riveraines, in le contentieux extractif, ICC.
- **Rosenberg (D)**, Le principe de souveraineté des Etats sur leurs ressources naturelles LGDJ Paris 1983.
- **Russo (J),** Le statut administratif des entreprises de recherches et d'exploitation minières, Paris, LGDJ 1959, p.239.
- **Tézenas du Montcel**, Les mines et les dégâts causés à la surface, thèse Lyon 1930, n° 19.
- **Tsay (R)**, Le Droit minier des principaux Etats civilisés, Edition Marcel Gérard, Paris 1930.
- **Wilson (P),** 2009, The Minerals Boom in Sub-Saharan Africa : Continuity, change and prospect.

## III-ARTICLES

- **AKono Minlo (R),**

  La réforme de la législation minière au Cameroun, Mosaique numéro 6, 2013.

  Réflexions sur les droits de l'exploitant de mines en Droit camerounais, Revue ERSUMA Septembre 2014.

La protection juridique des communautés dans la législation minière applicable au Cameroun : Entre réalités et incertitudes, CJP, Université de Ngaoundéré, 2016.

Ressources Naturelles et Relance économique au Cameroun, in le libéralisme communautaire de Paul BIYA, une idée de l'ETAT et de l'unité nationale, harmattan 2022.

- **-Delmas-Saint-Hilaire(JP),** De l'application de l'article 555 du Code civil dans les rapports des personnes qu'unit un lien d'obligation, RTD civ.1959, 411 s.
- **Game de Fontbrune (V),** L'exploitation des ressources minérales des fonds marins : législations nationales et droit international, Revue générale de droit international public, Paris édition A Pédone 1985.
- **Kahn (Ph)**, La souveraineté de l'Etat et règlement du litige, Régime juridique du contrat d'Etat, Rev.arb. 1985.
- **Lauriol (T)**, L'ohada, le temps pour un acte uniforme minier, Penant n° 892, juillet-septembre 2015.
- **Lauriol (T)**, Tomasz Gawel, Aspects juridiques de l'apport des titres miniers en garantie dans les Etats à l'ohada, RDAI, 2001.
- **Lauriol ( Th),** Financements des projets miniers dans les Etats parties à l'OHADA : l'apport des titres miniers en garantie, in les grands articles de la doctrine de l'OHADA, Penant 2000 à 2013.
- **Lauriol (Th), Da Cunfa (S),** La reglementation minière en Afrique de l'ouest, une multiplicité de normes, in Etudes à la mémoire de Fernand Charles jeuntel, Paris LexisNexis, Litec 2010.

- **Legoux (P),** L'évolution des idées dans les législations minières des pays neufs, revue JPIC 1975.
- **Lévy (D),** Evolution et problèmes actuels du droit minier, Revue du Droit public et de la Science Politique en France et à l'Etranger, 98ème année, 1982.
- -**Mazalto (M),** La réforme des législations minières en Afrique et le rôle des institutions financières internationales : la République Démocratique du Congo, https ://www.ieim.uquam.ca.
- **Mboumba-Mboumba (P),** L'influence du système juridique Français sur la conception congolaise des droits miniers usuels en matière d'exploration et d'exploitation pétrolière, Penant, Revue de droit des pays de l'Afrique, mai-aout 1997, n° 824.

## IV-RAPPORT

- **Besada (H), Martin (Ph),** Rapport de recherche, les Codes miniers en Afrique : la montée d'une quatrième génération, INS, mai 2013.

## V- CODES

- Code minier camerounais
- Code minier francais
- Code minier de la République Démocratique du Congo
- Code permanent, Environnement et nuisances, 2014 éditions législatives.
- Code civil applicable au Cameroun.

# TABLE DES MATIÈRES

## Structures éditoriales du groupe L'Harmattan


**L'Harmattan Italie**
Via degli Artisti, 15
10124 Torino
harmattan.italia@gmail.com

**L'Harmattan Hongrie**
Kossuth l. u. 14-16.
1053 Budapest
harmattan@harmattan.hu

---

**L'Harmattan Sénégal**
10 VDN en face Mermoz
BP 45034 Dakar-Fann
senharmattan@gmail.com

**L'Harmattan Cameroun**
TSINGA/FECAFOOT
BP 11486 Yaoundé
inkoukam@gmail.com

**L'Harmattan Burkina Faso**
Achille Somé – tengnule@hotmail.fr

**L'Harmattan Guinée**
Almamya, rue KA 028 OKB Agency
BP 3470 Conakry
harmattanguinee@yahoo.fr

**L'Harmattan RDC**
185, avenue Nyangwe
Commune de Lingwala – Kinshasa
matangilamusadila@yahoo.fr

**L'Harmattan Congo**
219, avenue Nelson Mandela
BP 2874 Brazzaville
harmattan.congo@yahoo.fr

**L'Harmattan Mali**
ACI 2000 - Immeuble Mgr Jean Marie Cisse
Bureau 10
BP 145 Bamako-Mali
mali@harmattan.fr

**L'Harmattan Togo**
Djidjole – Lomé
Maison Amela
face EPP BATOME
ddamela@aol.com

**L'Harmattan Côte d'Ivoire**
Résidence Karl – Cité des Arts
Abidjan-Cocody
03 BP 1588 Abidjan
espace_harmattan.ci@hotmail.fr


---

## Nos librairies en France


**Librairie internationale**
16, rue des Écoles
75005 Paris
librairie.internationale@harmattan.fr
01 40 46 79 11
www.librairieharmattan.com

**Librairie des savoirs**
21, rue des Écoles
75005 Paris
librairie.sh@harmattan.fr
01 46 34 13 71
www.librairieharmattansh.com

**Librairie Le Lucernaire**
53, rue Notre-Dame-des-Champs
75006 Paris
librairie@lucernaire.fr
01 42 22 67 13

www.ingramcontent.com/pod-product-compliance
Lightning Source LLC
LaVergne TN
LVHW010941061026
849535LV00007B/2515